東谷由香
Yuka Higashitani

働き方改革で伸びる女性つぶれる女性

日本経済新聞出版

はじめに　焦って、選んで、あきらめていませんか？

こんにちは、株式会社ウーノ・アクティブ代表の東谷由香です。

ウーノ・アクティブでは、大手上場企業をはじめとする様々な会社に人材育成サービスを提供しています。私自身も研修講師として日々、現場に立っていますが、働く女性を取り巻く環境が大きく変わりつつあることを実感しています。

私がこの仕事を始めた20年以上前、スーツ姿で新幹線に乗っていると、乗り合わせた男性たちから「出張なの？　女性なのにすごいね。がんばって！」と、エールを送られました。それくらい、「女性が出張する」ということが珍しい時代だったのです。

それが今では新幹線での出張はもちろん、大勢のビジネスウーマンが飛行機で世界中を飛び回っていて、「時代は変わったなあ」と嬉しくなります。

研修の現場でも、そんな時代の変化が目に見えて表れています。たとえば、以前は男性ばかりだった管理職向けの講習にたくさんの女性が参加するようになりました。女性が仕事を持ち、キャリアアップしていくことはもう当たり前です。責任あるポジションに就く女性はこれからもっと増えていくでしょう。

女性の前に立ちはだかるハードル

一方、女性が働き続けようとすると、いまだに様々なハードルにぶつかるというのもまた現実です。

育児と両立できずに仕事を辞めざるを得ない人。

非正規で働きながら「がんばっても先が見えない」という苦しさを感じている人。

正社員でも、「会社の方針が旧態依然としていて、思うように仕事ができない」とストレスを抱えている人。

研修で出会う女性たちから寄せられる悩みは、どれもとても切実です。

この本を手にとってくれているあなたはどうでしょうか?

今、生き生きと楽しく働けていますか?

周囲の人たちや先輩、後輩と比べて、仕事が嫌になっていませんか?

もしかしたら、「将来が不安でどうしていいかわからない……」と落ち込んでいたりしませんか?

出産などの事情で仕事を辞め、もう一度、社会に出ることに踏み出せないでいる人もいるかもしれません。

早々にあきらめてしまう女性たち

なかには、個人ではどうしようもない問題もあるでしょう。それでも、悩める女性たちを見ていて、私が気になっていることがあります。

「もう30だから……」「40になっちゃったし……」などと、誰に言われたわけでもないのに勝手に焦って、あきらめている人。

「仕事も結婚も育児もなんて、欲張りすぎだよね」「仕事と好きなことを両立するのは無理だよね」などと、勝手に「いずれか選ばなければいけないもの」と思い込み、あきらめている人。

置かれた立場は様々であっても、なぜか早々に「あきらめてしまう」人が多いのです。結婚、子ども、昇進、やりがい……何をあきらめるかは違っても、「どうせ私なんかには無理」と勝手に決めつけて、欲しいものを手に入れようともしない。

そんなふうに、自分で自分をあきらめてしまう女性たちを見ていると、「もったいない！」と思わずにはいられません。

「幸せな人生」に必要なもの

「どうせ私なんか」とあきらめていく女性たちが気づいていないことがあります。

「私なんか」と思ってしまうのは謙虚さの表れともいえますが、他人と自分を比較できる客観的かつ広い視野を持っているということでもあります。また、真面目でひたむき、細かいことに目配りができ、周囲を気遣う配慮ができるなどは、多くの女性が持っている長所です。

その気になれば、女性たちは自分の能力を活かして、もっと充実した幸せな人生を送れるはずなのです。

どんな人生を送りたいかは、人それぞれでしょう。

でも、働く女性の「先輩」として私が伝えたいのは、「幸せな人生」にはやりがいのある仕事を持つことがとても大切だということです。

詳しいことは本の中で述べていきますが、これからの時代、仕事なしで「幸せな人生」を送ることは難しくなっていくでしょう。「バリバリのキャリアウーマン」だけではなく、どんな女性の人生にとっても仕事が大きな意味を持つようになります。

だからこそ、「私なんか」とあきらめず、自分らしい仕事とともに生き生きと働いて、充実した人生を手にしてほしいと思うのです。

働き方改革は大いなるチャンス

これからの時代、なぜ仕事をすることが必要になっていくのか、そのヒントは、今盛んに進められている「働き方改革」にあります。

「働き方改革って、残業時間が減ったり、有給がもっと取れるようになったりすることでしょう?」と誤解している人も多いのですが、そんな単純なものではありません。

実は、働き方改革は、会社にとっても働く側にとっても、「生産性がない会社、能力がない人はいらない」という、とてもシビアな制度なのです。

でも、心配しなくて大丈夫。

これはつまり、能力ややる気があれば、女性であっても、子どもがいても、あるいは総合職・一般職、正規・非正規にかかわらず、あらゆる立場の人に同じようにチャンスがある時代がやってくるということだからです。

ぜひ、そのチャンスをしっかりとつかみ取ってください。

あなたなら、きっとできるはずです。

今の働き方改革はまだ不十分なところも多いとはいえ、「改革」の流れは今後、ますます加速していくでしょう。

その変化の波は、「出張する女性が珍しくなくなった」「管理職になる女性が増えた」以上の大きなインパクトを世の中に与えていきます。

世界中に深刻な影響を及ぼした新型コロナウイルスは、今、社会を大きく変えようとしています。外出自粛要請により、これまで在宅勤務などに積極的でなかった企業でも柔軟な働き方を大いに採り入れる結果となりました。「在宅勤務は可能である」という共通認識を社会がもった今、子育てや介護のために仕事を辞さなければならない女性たちは減少していくでしょう。「働き続けたい」と願う女性たちが長年求めていた環境が整いつつあるのです。

そんなふうに大きく変化していく時代のなかで、これまでの価値観を基準に「私なんか」とあきらめている場合ではありません。「こんなはずじゃなかった」と後悔しないために知っておきたいことをしっかりお話ししていきたいと考えています。

あなたが「幸せな人生」を生きるために、役立てていただければ幸いです。

目次

はじめに　焦って、選んで、あきらめていませんか？……003
女性の前に立ちはだかるハードル
早々にあきらめてしまう女性たち
「幸せな人生」に必要なもの
働き方改革は大いなるチャンス

I　働き方改革、本当に理解してますか？

第1章
「女性活躍推進法」で、女性は活躍できるようになった？……019
日本の男女平等ランキングは世界で最下位クラス
「女性活躍推進法」で、何が変わった？

国も企業も「女性活躍」を勘違いしている
女性の社会進出が進まない原因は「女性側の意識」にある？
管理職に手を挙げない女性たち
20年後のあなたをイメージしてみる
働き方改革で女性は「輝ける」？
あなたが幸せになる「働き方改革」とは

第2章 残業ナシで仕事が楽になる？ …… 039

会社が「残業するな」「有給を取れ」と言う理由
働き方改革＝プライベートタイム充実なのか？
現場と人事部の感覚のズレ
「残業したいけどできない」非正規・一般職の悩み
収入を増やすためにできることを考える
より人生を楽しむために必要なこと
17時で退社、何しよう？
48歳で飛び込んだビジネススクール

チャレンジするのに年齢は関係ない
目指すものがなくても、動くことが大事
ただ休むだけではない休日の過ごし方を考える
急速に進む副業解禁
副業解禁のオモテとウラ
「副業するより節約」が正解？
どんな人が「社会に求められる」のか
無報酬の副業にまさかのメリット
働き方改革で生まれた時間を賢く使う「はじめの一歩」
「立ち止まっている自分」を愛さない

第3章
育休制度で、仕事にも育児にも無理なく頑張れる？……073
この10年で変わったこと
産休・育休制度があっても「働くのは無理」？
頭が固いトップや上司の問題
妊娠したら腫れもの扱い？

権利ばかり主張する女性たち
一番の問題は「同性からのハラスメント」？
優秀な女性社員ほど辞めていく
育休は疑問だらけの制度
「女性だけ1年間育休」の問題点
育休中に決まってしまう夫婦の役割分担
男性が「取るだけ育休」にならないために必要なこと
モンゴル人に見習いたい育児
「稼いでないほうが家事をするべき」と言われたら
子育てと夫育て
あなたのがんばりは必ず誰かが見ていてくれる

第4章
正社員はクビにはならない？……104
この時代、「絶対安心！」はない
AIと「プロの外注」で正社員の居場所がなくなる？
自分の「売り」は何かを考える

劣等感こそ、きちんと見つめ直す
あなたもパワハラの加害者になる？
無意識のパワハラを防ぐには
女性が口にしがちなパワハラフレーズ
印象を変える言葉の使い方
コミュニケーション能力を上げる３つのコツ
マニュアル頼みでは限界がある
雑談力を鍛えよう
「交流分析」で自分と相手を知る
人のいいところを見つける癖をつける

第５章 福利厚生の手厚い会社はいい会社？……132
手厚い福利厚生の裏にあるもの
根本にあるのは「社員への投資」
不況になったら、真っ先に削られる
会社の不満ばかり言う人

伝えるべきは「不満」ではない

会社に感謝できる人、できない人

起業を成功させる人たちがやっていること

手厚い福利厚生に見合わないと判断されたら

「50歳の自分」を想像してみる

II 女性管理職って、本当にやらないほうがいいもの？

第6章 なぜ女性は管理職になりたがらないのか？……155

「私に管理職なんて無理です」という女性たち

「あんなふうになりたい」と思える女性上司がいない

管理職になると「やりたい仕事」ができなくなる？

「管理職になると結婚が遠のく」と思っているのは女性だけ

「課長は大変だからなりたくない」という間違い

女性管理職は会社に縛り付けられるだけのもの？

「管理職」というステージで待っている5つのこと
チャレンジすることで世界は変わる
やればできる!

第7章
女性管理職が成功するために必要なこと……177

管理職として成功するために必要な4つのこと
「人前で話すのが苦手」という人へ
なぜあなたの話は伝わらないのか
女性ならではの弱点を克服・強化しよう
わかりやすく伝えるための3つのポイント
「指示出し下手」は損をする
経営理念を自分の言葉で言えますか?
指導の6段階を理解する
アンガーマネジメント、できてますか?
昔も今も「出世する女性」はやっかまれる
一度挙げた手は下ろさない

女性管理職に必要な「ずるさ」

おわりに　働き方改革は女性の生き方改革 …… 206

今、必要なのは「自分で考える」力

「できない理由」を数え上げる前に

「人生１００年時代」をどう生きる？

働き方改革は「生き方改革」

I

働き方改革、本当に理解してますか?

第1章

「女性活躍推進法」で、女性は活躍できるようになった？

日本の男女平等ランキングは世界で最下位クラス

多くの女性たちが「もっと生き生きと働きたい！」と思っているのにそれができないのはなぜなのでしょうか。

まず、大きな障害となっているのは、日本がまだまだ働く女性に対して厳しい社会だということです。

たとえば、世界経済フォーラムが153カ国を対象に調査を行った「世界ジェンダー・ギャップ報告書」を一緒に見てみましょう。

男女格差を測る「ジェンダー・ギャップ指数2020」の総合スコアで、日本の順位は121位。前年の110位から11も順位を下げ、過去最低を更新しました。世界主要先進国であるG7（フランス、アメリカ、イギリス、ドイツ、日本、イタリア、カナダ）のなかで日本は圧倒的最下位。また、お隣の中国は106位、韓国は108位と、いずれも日本より上位にランクインしています。

男女間の格差が少ない国のトップ10には、アイスランド、ノルウェー、フィンランド、

図表1-1 ● GGI（2020）上位国及び主な国の順位

順位	国名	スコア
1	アイスランド	0.877
2	ノルウェー	0.842
3	フィンランド	0.832
4	スウェーデン	0.820
5	ニカラグア	0.804
6	ニュージーランド	0.799
7	アイルランド	0.798
8	スペイン	0.795
9	ルワンダ	0.791
10	ドイツ	0.787
15	フランス	0.781
19	カナダ	0.772
21	イギリス	0.767
53	アメリカ	0.724
76	イタリア	0.707
81	ロシア	0.706
106	中　国	0.676
108	韓　国	0.672
121	日　本	0.652

出所：世界経済フォーラム
「ジェンダー・ギャップ指数2020」

スウェーデンといった北欧諸国のほか、中米のニカラグア、アフリカのルワンダやナミビアまたフィリピンといった国々の名前も並んでいます。国際的に見て、日本は男女平等という点ではとても遅れた国なのです。

ちなみに、120位はアラブ首長国連邦、122位はクウェートで、この順位だけ見ると、日本は女性の行動が厳しく制限されている中東の国々と同じぐらいジェンダー・ギャップがあるということになります。ただ、経済、教育、健康、政治の4分野14項目のデータからスコアを算出する「ジェンダー・ギャップ指数」で、日本のスコアは項目別に大きなバラつきが見られます。

順位を押し下げている要因が何かというと、「男女の所得格差」「管理職ポジションに就いている男女の人数の差」「専門職・技術職の比率」「国会議員の男女比」「女性閣僚の比率」です。「管理職ポジションに就いている男女の人数の差」は131位、「女性国会議員の比率」は135位、「女性閣僚の比率」は139位と、いずれも最低に近いランクだということに愕然とさせられます。つまり、社会のリーダーシップを発揮すべき分野で、日本の女性は活躍できていないということです。

また、「同一労働における男女の賃金格差」は67位、「女性の労働力参加比率」は79位、「男女の所得格差」は108位と、経済面でも日本の女性は大きなハンディを背負っていることがわかります。

具体的な数字を挙げてみましょう。日本人の給与平均（２０１８年度）は４４１万円ですが、男性の平均約５４５万円に対し、女性の平均は２９３・１万円、しかも、男性の場合は20代から上昇し続けているのに女性は20代後半の３１１万円をピークに下がり続けています。この数字からは、出産などで仕事を辞めた女性たちが低賃金の非正規労働を余儀なくされている実態が浮かび上がってきます。

「女性活躍推進法」で、何が変わった？

もちろん、この状況を放っておくわけにはいきません。国も、少子高齢化で人口が減り続け、１人あたりのＧＤＰがこの30年横ばい状態というなか、女性の力をもっと活かそうと様々な取り組みをしています。

２０１６年に施行された「女性活躍推進法」は、「女性の職業生活における活躍の推進に関する法律」という正式名の通り、働く女性の活躍を進めるための法律です。

「常時雇用する労働者が３０１人以上の企業」に対して、女性採用比率や勤続年数の男女差、労働時間の状況、女性管理職比率といった「女性活躍に関する自社の状況」を把握、課題を分析し、それらを踏まえた「行動計画の策定、情報公開」をすることなどが求められるようになりました。

さらに、2019年には、実施義務の対象を「常時雇用する労働者101人以上の企業」に広げ、情報公開の項目をより具体化するなど、女性活躍推進法等の一部を改正する法律が成立しています。

ちなみに、企業がこれらの法律に違反しても罰則はありません。ただし、ネットでそうした実態がすぐに検索できる現在では、実施に積極的でない企業は「女性が働きにくい会社」とネガティブなイメージを持たれる可能性が大きいでしょう。

逆に、女性の活躍推進に積極的な企業に与えられる「えるぼし認定」（改正法では、さらに水準の高い「プラチナえるぼし」認定を創設）や子育て支援企業の証である「くるみん認定」を取得している企業は、「女性が働きやすい会社」として、就職市場でも人気を呼ぶはずです。この人手不足のなか、企業にとって「女性活躍推進」が人材獲得の大きなアドバンテージになることは間違いありません。

女性活躍推進法という法律がつくられたことをきっかけに、企業も変化せざるを得ない状況に置かれているのです。

国も企業も「女性活躍」を勘違いしている

ただし、「法律ができても、私まったく活躍できてない」というのが、女性たちの実感かもしれません。

実際、変化のスピードは遅々としています。

厚生労働省「平成30（２０１８）年度雇用均等基本調査」によると、管理職に占める女性の割合は、「部長相当職」では6・7％（前年度6・6％）、「課長相当職」では9・3％（同9・3％）、「係長相当職」では16・7％（同15・2％）と、ほとんど増えていません。

私が講師をしている管理職研修でも、受講者の男女比は9対1なので、この数字には納得感があります。

「少ない女性管理職」は「女性の能力が認められない」という根本的な問題の表れといえるでしょう。管理職登用は、要は選抜制度です。管理職に選ばれないのは、女性が男性に比べて劣っているからでしょうか？

いいえ、そんなはずはありません。おそらくあなたのまわりにも、「どうして、あの女性は優秀なのにずっと管理職になれないで、男性ばかりが出世していくの？」と首をひねるようなケースが見られるのではないかと思います。本来は女性に対しても男性と同じように制度を当てはめなければならないのに、実際はそうはなっていないということです。

「上層部はおじさんばかり」というのは、働く女性にとっての壁となります。女性管理職を増やすには、育児との両立など制度面で改善しなければならないことがたくさんありますが、そうした改善は管理職に限らず、すべての女性にとっての「働きやすさ」を実現するものです。でも、「上層部はおじさんばかり」では、女性のための制度改善はどうしても後回しにされてしまいます。

同じ調査で、女性の育児休業の取得期間は、「10〜12カ月未満」が31・3％（平成27年度31・1％）と過去最多となっていますが、それでもまだ3割ちょっとです。

一方、子育てをともに担うべき男性の育休取得は、こちらも最多とはいえ、「5日未満」が36・3％（同56・9％）。「育休は女性が取るもの」という意識が根強く残っていることがうかがえ、女性が子育てしながら働く環境が整っているとはとてもいえません。

国は「仕事も家庭も自分らしく」と言いますが、その裏には「家事育児は女性がやって当然」という意識が見え隠れし、女性たちは相変わらず家事育児の重い負担に疲れ果てています。

また、企業は企業で「国が言うから」と従っている感じで、本当に「女性に活躍してほしい」と思って取り組んでいるかどうかは別問題です。

要するに、国も企業も「本気度が足りない」のです。

もう1つ、もし国が「法律をつくったのだから、女性は輝けるようになるはず」と考えているとしたら、それは大きな勘違いだといえます。そもそも、働くことへの意識は「女性なら皆同じ」なわけではありません。そこを一律に「国がなんとかする」ということ自体、無理があるといえます。

女性の社会進出が進まない原因は「女性側の意識」にある？

「女性活躍推進」が進まない理由は「女性たちが乗り気でないからだ」と言う人もいます。

本当に、女性たちは「活躍なんてしたくない」と思っているのでしょうか？

少し前の調査ですが、「我が国における男女共同参画が国際的に遅れている理由」（『平成21（2009）年版男女共同参画白書』内閣府）を見ると、何が原因で「女性が活躍できていない」と考えているのか、回答者が男性か女性かで違いがあることがわかります。

たとえば、女性の回答者では「仕事と家事・育児・介護等との両立支援制度がない、足りない」を挙げる人が72・4％で断トツのトップ、それに「仕事と家事・育児・介護等との両立支援制度を活用できる雰囲気がない」（64・4％）、「企業等における男性優遇の組

図表1-2 ● 我が国における男女共同参画が国際的に遅れている理由（性別）（複数回答）

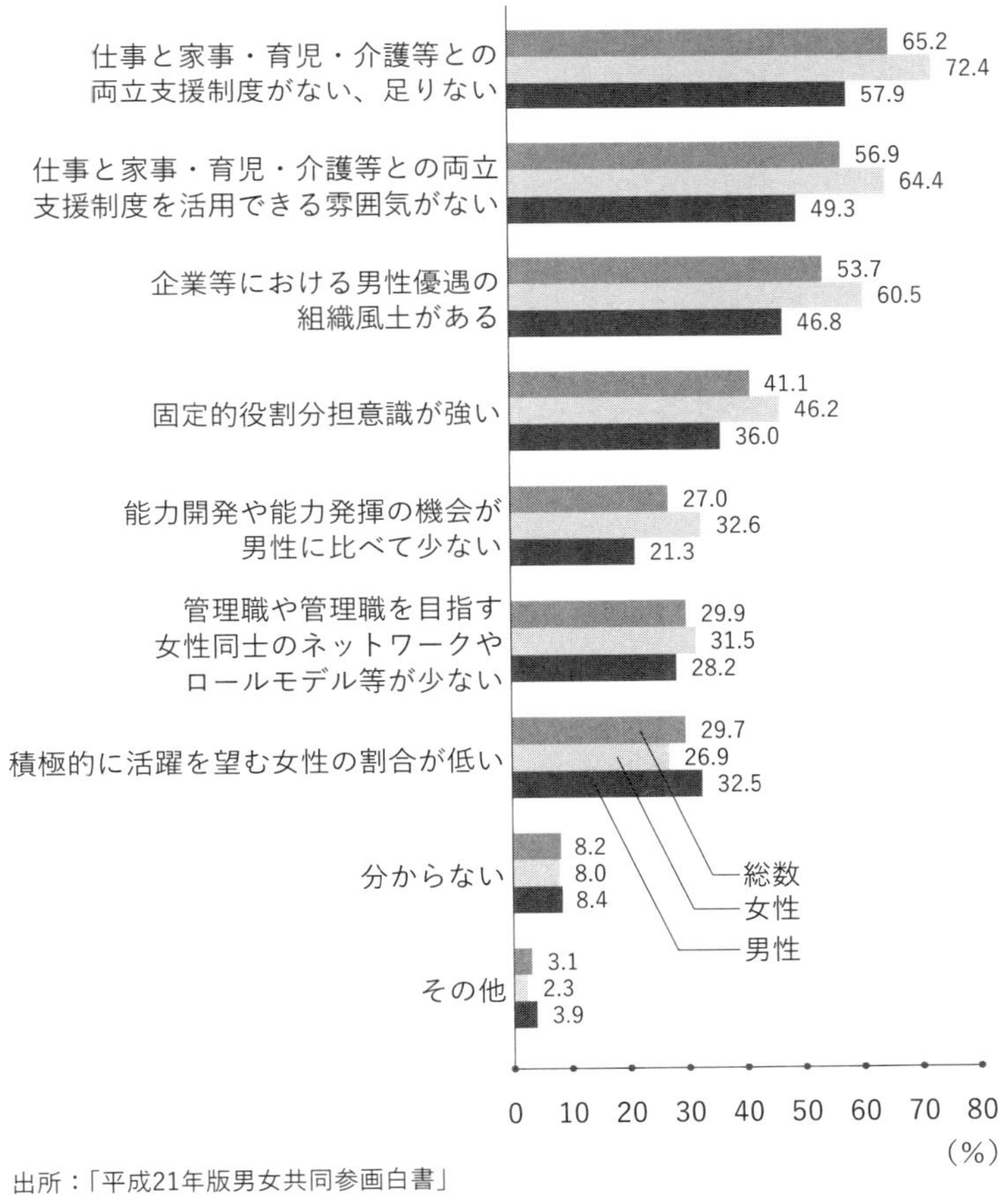

出所：「平成21年版男女共同参画白書」

織風土がある」（60・5％）が続きます。いずれも、男性回答者とは15〜20％以上の差が見られ、他の「固定的役割分担意識が強い」「能力開発や能力発揮の機会が男性に比べて少ない」「管理職や管理職を目指す女性同士のネットワークやロールモデル等が少ない」という項目でもすべて女性が男性を上回ります。

そんななかで、「積極的に活躍を望む女性の割合が低い」と考えている回答者は男性のほうが多いというのは、非常に興味深い結果です。

男性は女性の何を見ているのだろう？　そう思ってしまいますが、もしかしたら男性たちの目に入っているのは「自分が働くより、旦那さんに稼いでもらって家にいたい」と望む女性たちなのかもしれません。

平成25（2013）年の「男女共同参画白書世論調査」（内閣府）によると、20代、30代において「専業主婦願望」者が34・2％と、増加傾向にあると報告されています。

でも、それは単に「家でのんびりしたい」からではないようです。「専業主婦になりたい」という一番の理由は「仕事と家事・育児・介護等の両立支援制度がない、足りない」、また、制度があっても「活用できる雰囲気がない」といったことが挙げられています。

たしかに、国の支援制度の不備、男性の家事不参加、旧態依然とした男尊女卑的考え方など、解決すべき問題はいろいろあります。そんななかで、子育てをしながら共働きをしている先輩女性たちがいかに大変か、女性たちはよく見ています。「あれじゃあ、息も絶え絶え……あそこまでしんどいのは無理」というのが、「専業主婦願望」を持つ女性たちの結論なのです。

さらに、「会社の仕事にやりがいがない」というのも、女性たちが「専業主婦」に憧れる原因の1つでしょう。

正社員であっても、一般職や事務職など女性向け職種の月収は手取り10万〜15万円（国税庁）がザラです。女性が懸命に働いても男性ほど給与上昇は見込めず、安い給与でうまく働かされてくたびれるだけ、だったら「高収入の男性を捕まえたほうがいい」という考えに傾くのもしかたがない面があります。

女性たちの「専業主婦願望」は必ずしも「活躍したくない」からではなく、それだけ彼女たちが厳しい状況に置かれていることの裏返し、とはいえないでしょうか。

管理職に手を挙げない女性たち

男性たちが持つ「女性は活躍したいなんて思っていない」という印象は、女性管理職に手を挙げる女性の少なさからも来ているのかもしれません。

前述した通り、女性活躍推進法により、企業の間でも女性管理職を増やそうという動きは出てきています。政府が「2030年までに女性管理職（指導的地位）比率3割」という目標を掲げたのは2003年、もう17年も前のことです。もっとスピードを上げなければ、到底この目標を達成することはできませんが、企業だけがいくらがんばっても女性管理職は増えません。

実は、管理職を打診されても、「私には無理です」と尻込みしてしまう女性は少なくありません。私が講師をしている管理職研修でも、「上に言われたからしかたなく来た」と、やる気がない女性たちも目立ちます。

最近は、「管理職は大変」というイメージが強く、男性のなかにも管理職になることに意欲を見せない人たちが増えているので、これは女性だけのことではないともいえますが、せっかく「管理職に」と見込まれているのに「いえいえ、私なんて」と後ずさりしてしまうのは女性の特徴かもしれません。こうした姿を見て、「女性は活躍したいなんて思っていない」と見られてしまうのだとしたら、非常にもったいない話です。

管理職は単に大変なだけのポジションではありません。管理職になることで、女性の世界は必ず大きく開けていきますし、その可能性を自ら閉ざしてほしくないと思います。このことについては、「Ⅱ　女性管理職って、本当にやらないほうがいいもの？」で詳しく述べていきましょう。

20年後のあなたをイメージしてみる

これまで見てきたように、「女性活躍」の旗は振られても変化のスピードは遅く、女性たちが生き生きと働ける社会はすぐには実現しないかもしれません。

でも、変えようと思えば、すぐに変えられることもあります。

それは、女性自身の意識です。理由はどうあれ、もしあなたが「専業主婦になりたいな」「管理職になるのは嫌」と思っているとしたら、ちょっと立ち止まって、本当にそれでいいのか、考えてみてほしいと私は思います。

もちろん、専業主婦も1つの生き方ですし、管理職にならずに一生ヒラで仕事をするのも個人の自由です。皆が皆、バリバリ働きたいというわけでもないでしょうし、仕事より趣味が大事な人だっていると思います。

ただ、これからの超高齢化社会、働かないで一生を終えられるという人はごく少数でしょう。年金もどれだけもらえるかはわからず、長い間現役で働かないと生活が立ち行かない時代が近い将来、必ずやってきます。

そうなれば、おそらく専業主婦や50代でもヒラ社員のままでは非常に厳しいことになると思われます。

そのことを想像するために、ぜひ試してほしいのが、私が研修でよく使う「強制発想ゲーム」です。このゲームでは、たとえば「20年後の日本」について参加者それぞれがリサーチしながら、「自分の20年後」について次のように具体的なイメージをふくらませていきます。

〈20年後の日本はどうなっている？〉

少子高齢化で子どもがどんどん減り、若者1人で老人3人の面倒を見る時代になる。

〈どのようなことが起こる？〉

↓労働力が不足する。

↓日本の経済力が低下する。

〈じゃあ誰が働くの？　どうすれば、日本は豊かになれる？〉

↓外国人と女性と高齢者が働く。

〈働く女性が増えたらどうなる？〉

↓女性が家事をしづらくなる、家でご飯を作らなくなる。

↓家事外注サービスや食事サポートなどの業種が伸びてくる。

↓女性が働けば、所得が増える。

↓女性はもっとおしゃれしたくなるので、ファッション、化粧品・美容業界は伸びる。

↓子どもはベビーシッターに任せる、全寮制学校に入れるケースも増えてくるので、保育、教育産業が伸びる。


「風が吹けば桶屋が儲かる」ではありませんが、こうして見ていくと、女性が働かなければ日本はもう立ち行かないこと、さらに、女性が働けば自分の楽しみや子どもの教育にお金をかける豊かな生活を送れるようになる、ということもリアルに想像できます。

「強制発想ゲーム」をやっていくなかで、最初はボーっとしていた参加者も「それなら働かなきゃ、がんばらなきゃ」と、だんだん顔つきが変わり、やる気のエンジンがかかってくる姿を、これまで何度も見てきました。

日本の将来については、「年金はもらえない」「老後は2000万円貯金が必要」などとネガティブな情報も飛び交っています。でも、「強制発想ゲーム」を通して、漠然とした不安が吹き飛ぶようなポジティブな打開策がたくさん埋もれていることに気づくことができるでしょう。

「働く女性が増えるなら、こんな業種が伸びるかも」

「高齢者向けにこういうサービスを提供したらヒットするはず」

「外国人のニーズを満たすなら、このビジネスが狙い目」

そんなふうに、あなたならではのアイディアを見つけてみてください。そこから、これからのあなたの「働き方」や仕事のヒントも見えてくるかもしれません。

働き方改革で女性は「輝ける」?

「はじめに」で「働き方改革は女性にとって大きなチャンス」と述べました。

働き方改革の主な目的は、「少ない労働時間でも生産性を上げる」「ダイバーシティの強化によって生産性を上げる」の2つで、このうち「ダイバーシティの強化」は女性にとって歓迎すべき追い風です。

今の日本は「均質な人が長時間働く時代」から「多様な人が多様な場所・時間で働く時代」への転換期を迎えています。従来の働き方は長時間労働や転勤を前提とし、それができる男性中心に設計されてきました。けれども、そのなかでは輝けない人たちがたくさんいたのも事実です。

子育てしながら働きたい女性。

育休を取りたい男性。

不妊治療中の夫婦。

学び直しのために大学に再び通う人や留学する人。

家族の介護をしながら仕事をする人。

病気や障害を抱えて働く人。

こうした人たちは能力があっても、「短時間しか働けないから」「転勤できないから」とほとんどの企業で評価されず、生き生きと働くことをあきらめざるを得ませんでした。

しかし、少子高齢化で労働人口そのものが減り、また人々の価値観や生き方が多様化するなか、こうした様々な背景を持つ人がそれぞれの能力を正当に評価されながら働いていくようになるというのは必然的な流れといえます。

今まで輝けなかった人たちも輝ける時代が、すぐそこまで来ているのです。

とはいえ、何もしないで「輝ける」わけではありません。

意識してほしいのは、働き方改革の2つの目的に共通するキーワードである「生産性を上げる」です。

日本経済が右肩上がりで成長する時代は過去のものになり、国は「長時間だらだら働いたり、均一化した労働環境だったりしたら、もう生き残っていけない」という強い危機感を持っています。だからこそ、働き方改革を進めようとしているのです。

現状では国の危機感にまだ企業側が追いついていませんが、働き方改革の真の意図が浸透していくにつれ、企業は「欲しい人材」「そうでない人材」をシビアに見きわめざるを得なくなっていきます。

欲しい人材とはズバリ、「短い時間しか働けなくても効率的に成果を出せる社員」です。そうなれば、正社員、総合職であっても安泰ではなくなります。「能力があり、高いモチベーションを持ってその能力を発揮できる人」でなければ、とても厳しい時代がやってくるということです。

あなたが幸せになる「働き方改革」とは

「私には無理」とあきらめる前に知っておいてほしいこと、それが働き方改革の中身です。今の働き方改革はまだ不十分なので、「正社員でない私には関係ない」と思っている人がいるかもしれませんが、そんなことはありません。

非正規か正社員か、一般職か総合職か、バリバリ働きたいかあまり働きたくないか……様々な職種や立場にかかわらず、「働き方」は「改革」されていき、その結果、あらゆる立場の女性たちに等しくチャンスが与えられるようになります。ですから、何がどう「改革」されていくのかを知り、それにどう対処していくかは、誰にとっても必要なことのはずです。

企業の現場を見ていると、一番のんびり構えているのが総合職の女性たちです。「もうこのポジションにいるから安心」と、思っているのでしょうか。むしろ派遣や給与が低い一般職の女性の方が「70歳まで働くためには何をしたらいいんだろう」と考え、危機感を持ってスキルアップに励んでいる印象です。

私は英会話教室に通っているのですが、来ている人たちのほとんどは30代の派遣や一般職、残業規制のない職種の女性たちです。

話を聞いてみると「今の会社では先の保証がないから、仕事のスキルを上げる努力をしたい」「英語を磨けば次の扉が開けるんじゃないか」と、「自分自身の市場価値を上げる」ために動いています。

働き方改革が進んでいくなかでは、10年後、20年後、自分が思い描く人生を歩むために、そんなふうに何か目的を持って行動するということがとても大切になってくるでしょう。

次章から、残業規制や有給取得、副業解禁、育休制度、福利厚生の充実など、様々な働き方改革の中身やポイントについて、解説していきます。未来のあなたが輝くために知っておくべきことは何かが、きっと見えてくるはずです。

国の意図や企業の思惑がどうであれ、働き方改革を正しく理解して、あなた自身のための「改革」にしていきましょう。スタートの合図は、すでに打ち鳴らされています。

第2章

残業ナシで仕事が楽になる？

会社が「残業するな」「有給を取れ」と言う理由

これまでは遅くまで残業することが普通だったのに、最近、「働き方改革だから、残業するな」と言われることが増えていたりしませんか？

働き方改革で最もクローズアップされているのは、「時間外労働の上限規制の導入」、つまり、残業を減らすという流れでしょう。

では、いったい何がこれまでと変わったのでしょうか？

企業が社員に残業をさせる場合、労働基準法第36条に基づく労使協定（36【サブロク】協定）を締結しなければなりません。以前までは、「月45時間、年360時間」の残業が、行政指導が入る基準とされていました。働き方改革関連法案の大きなポイントは、この月

45時間、年360時間を法律上の上限と定めたことです。

一見、何も変わっていないように思えるかもしれませんが、法律で定められるということは、実はとても大きなことです。

まず、企業にとっては今まで以上にこの上限を守る縛りがきつくなりました。いくつかの例外は認められていますが、違反した企業には「6カ月以下の懲役または30万円以下の罰金」という罰則も設けられています。「社員の残業時間を抑える」ことが強制力を伴うプレッシャーとなっているのです。

もう1つ、大きな変化は、企業は社員に有給を取らさなければならなくなったことです。働き方改革関連法案では「1人1年あたり5日間の年次有給休暇の取得」が企業に義務付けられ、やはり違反に対して「30万円以下の罰金」の罰則があります。

でも、もしかしたら「うちの会社では、ちっとも残業が減っていない」という人もいるかもしれません。

働き方改革関連法案は2019年4月から施行が始まったばかりです。今、企業は「国に言われたから」と、とにかく残業規制と有給消化を進めているところで、「そんなに急には減らせない」という企業もまだ多いようです。

働き方改革＝プライベートタイム充実なのか？

社員にとっては「残業が減って、休みが増える」わけですが、「自分の時間が増えてラッキー！」と喜んでいたら、落とし穴が待っています。

まず、1つめの落とし穴は、「ただ残業を減らすだけでは、仕事は終わらない」ということです。

「月45時間」というと、1日当たり2時間程度の残業しかできません。これまでの残業時間と比べてみれば、どれだけ残業を減らさなければならないかわかりますよね。

働き方改革は、少ない労働時間でも効率的にマネジメントすることで成果を上げるよう促すものです。でも、多くの企業では「ただ残業を減らす」ことだけに目が行っており、マネジメントの改革にまで手がまわっていません。これまでの長時間労働を基本とする仕事のやり方が変わらなければ、残業できずにやり残した仕事だけがどんどん積み上がっていくということになります。

そのしわ寄せはどこに行くのでしょうか？

アルバイトや派遣、事務職限定、一般職の人たちが定時で帰っていった後、やり残した仕事を引き受けたり、彼女たちが休みの日に出社して代わりを務めたりしているのは総合職です。これは、より高い給与をもらいスキルを持っている人たちが、本来自分がやるべき範囲外の仕事を抱えているということを意味し、非常に効率が悪いといえます。

これでは、「生産性を上げる」という働き方改革の本来の目的とは正反対になってしまいます。こんなおかしなことが起こっているのは、有給取得も同じです。

「東谷さん、聞いてください。『働き方改革』のおかげで、仕事が山積みの多忙な月末に、『有給がたまっているから消化しろ』と無理やり休まされるんです。でも、休んだ分の仕事は結局、次の月にやることになります。残業しないと終わらないのに、また月末になると『休め』と言われるので、さらに仕事が積み上がってしまって……。いつまで経っても仕事は終わらないし、こんなんじゃ休んでも仕事が気になって休んだ気になりません」

最近、こんな訴えを聞くことが増えました。企業のほうは有給を取らせることばかりに一生懸命で、どうすれば休んでも仕事がまわるようになるかが置き去りにされてしまっているようです。無理に休みを取らされて逆に仕事が増えてしまうのでは、働く側にとってはあまりありがたくはないですよね。

パーソル総合研究所の調査によると、働き方改革が進んでいる企業で組織の業務量の増加は69％、時間不足から付加価値を生む業務に着手できないという回答も56・9％に上ります。仕事量が変わらず、効率的な仕事の仕方も導入されず、ただ残業時間だけが減っている状態で、こうなるのは当然でしょう。

働き方改革で「プライベートタイムが充実！」どころか、「かえって大変になった」と悲鳴を上げている人たちが大勢いるというのが、今、あちこちの企業の現場で起こっていることなのです。

現場と人事部の感覚のズレ

なかでも、特に疲弊しているのは残業手当がつかない中間管理職です。

部下を早く帰した分、やり残した仕事を終わらせようと、彼らは毎日遅くまで会社で仕事をせざるを得ません。

ところが、人事部などマネジメントする側はこうした現場の疲弊を理解できていなかったりします。

先ほどの調査結果では、「働き方改革が進んでいる企業」で働く中間管理職の62・1％が「自らの業務量が増えた」と回答し、「人手不足（57・5％）」「後任者不足（56・2％）」「自身の業務量の増加（52・5％）」が課題だと認識されています。

一方、人事部は中間管理職の仕事が増えていることについての課題は「働き方改革への対応の増加（52％）」「ハラスメントの対応の増加（42・7％）」「コンプライアンスの対応の増加（38・7％）」だと考えており、さらに人事部の約4分の1が中間管理職への支援を「特に行っていない（24％）」のです。

積み上がった仕事のしわ寄せが中間管理職に集中することは、少し考えればわかりそうなものですが、マネジメント側は中間管理職の負担増大は「制度が変わったことへの対応」から来ていると勘違いしてしまっています。

これは、現場でよく聞く「人事部の感覚は（現場と）ズレている」という話と一致します。人事部は現場で一緒に仕事をしているわけではないので、現場の感覚をつかみにくいのです。これはトップや役員が人事を兼ねることも多い小規模の会社でも見られる問題でしょう。

中間管理職のほうも正直に「仕事が増えて困っています」と伝えればいいのに、「部下の仕事を引き受けているなんて、格好悪くて言いにくい」と、つい本音を隠してしまっていたりします。そうなればマネジメント側と現場のギャップは広がるばかりです。

現場の矛盾を一手に引き受けて疲れ果てている中間管理職の姿を見て、「あんなに大変なら、管理職はやりたくない」と、部下たちは敬遠しています。この問題については、第5章で改めて詳しく書いていくことにしましょう。

「残業したいけどできない」非正規・一般職の悩み

終わらない仕事を引き受けている総合職や中間管理職が「働き方改革でかえって忙しくなった」と感じている一方、「早く帰れてラッキー」では済まないということを痛感しているのが、非正規や一般職の女性たちです。

働き方改革では、正社員・非正規、あるいは総合職・一般職にかかわりなく、残業規制や有給取得が進められており、いまやアルバイトの人たちも有給（本来賃金の6割程度を支給）が取れるようになってきています。待遇に差がないのはいいことではありますが、それには正規・非正規の賃金格差がないという条件が満たされていなければなりません。

ここに第2の落とし穴があります。

働き方改革は「正社員と契約社員の収入格差をなくす」ことも大きなポイントになっているはずなのに、これに関連する法律（パートタイム・有期雇用労働法）の施行は2020年4月から（中小企業は2021年4月から）で、企業での対応は始まったばかりです。残業ができなくなれば、正社員総合職より低い賃金しかもらっていない非正規や一般職の女性たちが収入減に直撃されるのは目に見えています。

今、非常に多くの女性たちが、この落とし穴にはまってしまっているのではないでしょうか。日本で働く女性3000万人のうち、6割が派遣やアルバイトなどの非正規雇用です。そのなかには、最初は正社員だったのに「育児をきっかけに非正規になった」女性たちも少なくありません。

ただでさえ、日本では祝日が増え、日割りで給料を受け取る非正規の人たちの収入は少なくなりがちです。その上、さらに残業代が減ってしまうとなれば、「これじゃ、生活できない」という切羽詰まった状況に陥ってしまいます。

非正規や一般職の女性たちは「早く帰れてラッキー」「休みが増えて嬉しい」どころではなく、「もっと残業したい」「でないと生活が苦しい」という悩みを抱えています。でも、今のままの「働き方改革」では、その悩みは解消されそうにありません。

収入を増やすためにできることを考える

賃金格差がなくならないとなれば、残業したくてもできない非正規や一般職の女性たちは、どうすればいいのでしょうか。

私が伝えたいのは、「あきらめないで」「できることはきっとある」ということです。食品メーカーに一般職で勤めるAさんのケースを見てみましょう。

Aさんは非常に有能で、前の担当者が2人でやっていた仕事を1人でこなしてしまいます。仕事が早いので本当は残業する必要はないのですが、残業代がなければ生活していくのにギリギリのお給料しか出ないため、以前はあえて残業をしていました。

ところが、働き方改革で残業には事前申請が必要となり、申請してもほぼ認められなくなってしまいました。英会話ができるＡさんは、そのスキルを活かした副業をして残業代が減った分を補おうと考えましたが、勤務先の会社は副業を認めていないので、それもできません。

そんなある日、Ａさんは、会社が土日に現場で英語対応するアルバイトを時給３０００円で募集していることを知りました。「英語ができるので、やらせてください」と交渉し、最初は「副業は認められない」と却下されたものの、「私は２人分働いています。昇給か、副業を認めてもらうかしないと、この給料では生活できません」と食い下がり、特例で月10時間の残業をしてもいいことになりました。

残業が認められたＡさんは、自分で工夫して、早朝に出勤し夕方は時間通りに退社するということにしました。本当は学校に通いたかったのですが、総合職には通学のための補助金が出るのに一般職には出ないので、経済的に難しいと断念。その代わり、Ａさんはテキストを自分で買って、独学を始めました。

仕事が終わった後、勉強しようと思っても、普通はなかなか続かないものです。Ａさんががんばれたのは、「なぜ会社は自分の能力を認めて活かそうとしないの？」「総合職には補助が出て勉強する機会が与えられるのに、一般職というだけでダメだなんて納得できない」という悔しさがあったからでした。

努力の甲斐があり、Aさんは総合職の人たちが四苦八苦している資格試験に合格、新型コロナウイルスの影響で子育て中のアルバイトの女性たちが現場に出られなくなったときには、その穴埋めにも大活躍し、会社に自分の能力を認めさせました。Aさんはそんな現状にも満足せず、さらなる資格取得を目指すとともに、もっと待遇のいい会社への転職も考えているところです。

Aさんのケースは、ただ「残業代がもらえなくなった」「収入は減るばかり」と嘆いていても、何も変わらないことを教えてくれます。

働き方改革のキーワードは、「自己責任」。言い換えれば、「自分次第」ということです。働き方改革によって収入が減ったのだとしたら、Aさんのように自分のほうから収入を増やすために行動を起こさなければならないのです。

より人生を楽しむために必要なこと

これは、非正規や一般職の女性だけのことではありません。

先ほど述べたように、現状では、まわらなくなった仕事を総合職の人たちがカバーしているわけですが、そのうち会社も「高い給料をもらっている総合職に非正規や一般職の仕事をさせるのは効率が悪い」ということに気づくでしょう。

そこで、いかに効率的に生産性を上げていくか、仕事のやり方を見直していけばいいのですが、目先のことだけ考える会社は、「それなら高給取りの総合職を切って基本給を安くしよう」とコストカットに走るかもしれません。

実際、ウェブ関係の業務は残業させ放題の海外の子会社に移して人員削減をした会社もあり、積み上がった仕事を引き受けて忙しくしている間に、いつのまにか解雇の対象にされてしまうということだって起こり得ます。「正社員だから、定年まで大丈夫」という時代はもはや過去のもの、と肝に銘じてほしいと思います。

ちなみに、20代後半から30代の女性にとって正社員での転職は非常に厳しいことを知っていますか？　これは、同年代の男性との大きな違いです。

なぜかといえば、その年代の女性は結婚や出産等で長時間労働がしにくくなる可能性が高いからです。

「少ない時間で成果を上げる」という働き方改革の本来の目的が浸透していないなか、長時間労働ができないということは、企業にとって採用するメリットが少ないことを意味します。だから、これまでは正社員だったのに退職後はやむなく非正規で働かざるを得なくなる女性たちが後を絶たないのです。

非正規ではどんなにがんばって働いても、正社員のような昇進や昇給は見込めません。残業もできず、休みばかり増えても、使えるお金は限られてしまいます。

それでもいいと思える人は少数派でしょう。「慎ましい暮らしでも幸せになれる」という考え方もありますが、よりよい生活をし、人生を楽しむにはやはりそれなりのお金は必要です。そのためには、昇進・昇給ができる立場にいるか、あるいは高収入を上げるスキルを持っているか、ということが決め手になります。

今のあなたにそのどちらもないとしたら、未来はジリ貧になる可能性が非常に高いということです。

働き方改革は、決して働く側に優しい改革ではありません。むしろ、より厳しい生き方が迫られる「改革」なのです。

17時で退社、何しよう?

ですから、残業が減って空いた時間をどう有効に使うか、真剣に考えなければなりません。それなのに、いまだにのんびりしている人たちがとても多いように感じます。

「早く帰れるようになったので、たまったテレビ番組の録画を観てます」「友達と女子会する機会が増えました」なんて聞くと、「あなたたち、大丈夫?」と思わずにはいられません。

この点、派遣や一般職の女性たちのほうがずっと危機感を持っています。

たとえばジム通いひとつとっても、正社員の女性たちが「会社が補助金を出してくれるから、使わなきゃ損だと思って」と、どこかのほほんとしているのに対し、派遣や一般職の女性たちは「70歳まで働ける体力をつけなくちゃ」と一生懸命です。どちらにジム通いの効果があるかは明らかでしょう。

カルチャースクールに通ったり、趣味を楽しんだりするのも悪くないとは思いますが、あまりにものんびりムードだと心配です。働き方改革が進んでいった先にある厳しい社会を生き抜くには、とにかく自分自身の力をつけなければなりません。そのことに、もっと大勢の女性たちが気づいてほしいと私は思います。

といいつつも、実は私自身も偉そうなことはいえません。

私は仕事でよくモンゴルに行くのですが、モンゴル人は語学に堪能で、3カ国語、5カ国語を操る人も珍しくありません。

あるとき、知り合いのモンゴル人に「モンゴルの人たちは語学の才能があっていいですね」と褒め言葉のつもりで言ったところ、「私たちに語学の才能があるわけじゃありません。日本人は趣味でやってますよね。私たちは生きるために語学を学んでいます」と返されて、「何年経っても英語ができるようにならない」とぼやいていた私は、ガツンと活を入れられた気がしました。

「これまで、そんなふうに真剣に英語を勉強したことがあっただろうか……」

大いに反省して、この年になって再び英語学校に通っています。以前は「英語ぐらいできないと」という義務感から通っていたので、「今日はくたびれたからいいや」とさぼることも多く、3カ月ぐらいで挫折する……という繰り返しでした。でも、今回は真剣です。心構えが違うからか、勉強自体が楽しくなり、どんなに仕事が忙しくても「さぼるなんて、とんでもない！」という気持ちになっています。

モンゴルの人たちが「生きるために外国語を学んでいる」と言うのも、彼らが生きている状況の厳しさを考えると納得がいきます。

モンゴルは1990年に社会主義から資本主義の国になりましたが、過渡期の2年間は輸入に頼っていた物資がすべてストップ、ロシア語で行われていた授業をすべてモンゴル語に切り替えるなど、モンゴルの人々はまさに激動の日々をくぐり抜けてきました。経済的には今も豊かとはいえず、1日2ドル以下で暮らす人が人口の約30％以上もいます。

そんななかでも、モンゴルの人たちはとても前向きで明るいのです。常に「自分にできることは何か」「どうすれば生き抜けるか」とエネルギッシュに行動する姿に、私はいつも元気をもらっています。

この本では、そんなモンゴルの人たちの事例も紹介していきたいと思います。私たち日本人が彼らのたくましさから学べることは、きっとたくさんあるはずです。

48歳で飛び込んだビジネススクール

「生き抜くために必要と言われても、どう自分を磨いていけばいいかわからない」という人もいるでしょう。

私からのアドバイスは、「将来に向けてのビジョンが決まっていなくても、とりあえず何か始めてみること」です。最初は漠然としていても、やっているうちに目的がはっきりしてくることはよくあります。

私も、何かビジョンがあって今の仕事に就いたわけではありません。

1つだけ決めていたのは「自立し、社会とつながって生きていく」ということで、51歳で独立するまで、様々な仕事を経験してきました。大学時代はモデルや女優として活動し、新卒で航空関係の会社に就職、結婚・妊娠で退社（そういう時代だったのです）して、一度、専業主婦になりました。ところが、夫の会社が倒産した上、夫が病気になって働けなくなってしまったのです。2人の子どもを育てるために、昼は事務職、夜は料亭など掛け持ちで懸命に働きました。

研修講師の仕事を始めたのは、まったくの偶然です。あるとき、覆面調査員の募集に応じたところ、会社から「あなたには講師が向いている」と言われました。そこで、友人に借金して講師養成セミナーに通い、研修講師として働くようになったのです。

最初は「セミナー代を取り戻すまでがんばろう」という決意だけで始めたことですが、すぐにやりがいを感じるようになり、この仕事は私にとっての「天職」となりました。

大きな転機となったのは、48歳でビジネススクールに飛び込んだことです。40代になり、講師としての仕事自体は充実していました。でも、「このままでいいのかな」「この先、ずっと会社にいても自分が納得できる仕事を選ぶことができない……」と、もやもやする日々を送っていたのです。

といっても、どうすればキャリアアップできるのか、すぐにわかるわけではありません。まだ子どもの学費がかかるということもあり、とりあえずできることから始めようと興味のある大学のオープンカレッジを聴講したりしていました。

でも、オープンカレッジにいくら通っても専門性を高めることはできないと、48歳のとき、一念発起してビジネススクールに通うことに決めました。「研修講師の経験に理論の裏付けがあれば、今の会社を出て独立したとき頼りになるのでは」と考えたのです。

そんな曖昧な動機で通うにしては、ビジネススクールの学費は非常に高額で、当時、2年で350万円かかりました。相談した先輩には「その年で今からビジネススクールに入るなんて、お金をドブに捨てるようなものだ」と言われましたし、私自身も悩みました。

でも、このまま何もしなければこの先ずっと後悔を引きずるかもしれません。私は勉強したいと思っているし、自分に必要なことであるのは確かなのだから、先輩が言うようにお金をドブに捨てることになったとしても、「自分が納得できるなら、それでいい」と思い切ったのです。

チャレンジするのに年齢は関係ない

自分でも、かなり無謀なチャレンジだったと思います。

当時、子どもたちはかなり手が離れてはいたものの、仕事をしながら家庭を切り盛りするだけでも大変なのに、さらにビジネススクールで学ぶ日々は想像以上にハードでした。

私が専攻した戦略経営研究科人的資源管理では統計学が必須です。数学の知識がなければ理解できず、文系経済学部出身の私にはちんぷんかんぷん、年下の同期生たちが皆自分よりずっと優秀に見えて、激しく落ち込みました。

それだけではなく、週に4、5冊は授業のテーマに沿った課題図書を読まなければなりません。50歳近くにもなると記憶力も集中力も落ち、「勉強って、こんなにしんどいんだ」と吐きそうになりながら、週4日、ビジネススクールに通う生活を続けました。

それでも、思い切って飛び込んで、本当によかったと思っています。

自分がこれまでやってきたことに理論的な裏付けを得たことで自信もつきましたし、何より、素晴らしい同期生たちに恵まれたことは、私にとってかけがえのない財産になりました。

それは単に人脈ということではありません。この年になっても自分をさらけ出して付き合える、そして困ったときには「助けて」と言える関係がつくれたことは、その後、独立して起業した私を本当に助けてくれました。

ビジネススクールに通った経験は、私が70歳、80歳まで働くための大きな支えになっていると自信を持って断言できます。「ビジネススクールに通うか、どうしようか」と悩んでいた頃の私に今の私がアドバイスするとしたら、「大丈夫、お金もドブに捨てずに済むよ」と、背中を押してあげたいと思います。

年齢なんて関係ありません。「チャレンジしたい」「やってみたい」と思うことがあるなら、ぜひ飛び込んでみてください。

参考までに、最近は奨学金が充実してきたことで、ビジネススクールの学費もかなり下がってきています。学校が無利子で授業料を貸し付ける制度を設けていることもあるので、「学費が高いから、ビジネススクールは無理」と決めつけず、一度調べてみることをおすすめします。

目指すものがなくても、動くことが大事

もちろん、生き生きと仕事をするためにはビジネススクールが必須、などと言うつもりはありません。私がお伝えしたいことは「とにかく、動くことが大事」ということです。

40代の頃の私と同じように、「今の自分をなんとかしたい。でも、自分が何をしたいのか、よくわからない……」という人もいるかもしれません。

でも、たぶん、目標なんてそんなに簡単に見つかるものではないのだと思います。

ビジネススクールの同期を見ても、明確な目的を持ってステップアップしようという人は少数派で、私のように「このままの自分ではいけない」と、フワフワした思いを抱えて来ている人も大勢いました。それでも、とにかく動いてみれば、何かしら見つかるし変わっていくものです。動くことで視点が変わり、視点が変われば仕事のやり方も変わります。

私の場合、ビジネススクールに通うようになって大きな発見があったのは、たとえば、仕事への向き合い方やかける時間についてでした。

同期の仲間のなかには、青森や大分、大阪といった東京から離れた都市から、あるいはニューヨークやモンゴルなど海外から通っていた人もいました。私も含めて皆が「こんなに忙しくて残業も多いのに、ビジネススクールで勉強する時間なんて本当に取れるのか?」と半信半疑で入学したのですが、結果的に会社での時間の過ごし方が驚くほど効率的になったのです。

23時過ぎまで仕事をしていた人が、ビジネススクールに通うようになってからは夕方までに仕事を終わらせて、教室に駆けつけてきていましたし、目がまわるほど忙しい日々のなかでも、あれほどたくさんの本を読んだことは後にも先にもないと誰もが口を揃えます。

宿題はギリギリでやると早い、テスト直前で勉強し始めるともの凄い集中力を発揮できるのと同じで、「忙しいからできないんじゃない。やり方次第で、こんなにたくさんのことができる」と、効率的な仕事の進め方や集中して物事に取り組む大切さを、私自身、身をもって実感しました。

「先のこと」を考えられるようになるには、こうした何かしらの気づき、きっかけが得られてからといえるかもしれません。

生産性を上げる重要性に気づき始めた企業では、社員にこれまで以上に有効に時間を使ってもらおうと「ビジネススクールの説明会」を開くところも出てきています。こうした機会があれば、参加してみるといいと思います。「ビジネススクールに興味はあるけれど、ハードな生活をする自信はないなあ」と思うのだとしたら、項目ごとの単科授業を受けてみて、それから考えてみるのもいいでしょう。

「会社が機会を与えてくれない」「お金がない」とできない理由を並べるより、まずは自分に合った方法を探してみることです。

ビジネススクールにこだわらなくても、スキルアップの方法は様々です。Ｓｋｙｐｅでコツコツ英語レッスンを受けている人もいれば、朝活で専門知識を学んでいる人もいます。Ｚｏｏｍなども急速に広がり、選択肢はさらに広がっています。何か興味をひかれたものに取り組んでいくうち、自分が目指すものが何なのか、必ずわかるときが来るはずです。

ただ休むだけではない休日の過ごし方を考える

休みの日、あなたはどんなふうに過ごしていますか？

「仕事で疲れているので、休日は寝てばかり」という人もいるかもしれませんね。

たしかに、疲れを取るのは大事なことですし、休日はもちろん休むためのものです。ただ、意外かもしれませんが、海外に比べると、日本人は休みすぎかもしれません。

あるとき、外国人の仕事相手とスケジュールを調整していて、「日本人はよく休むねえ。年末年始も長々休んだのに5月にまたそんなに休むの⁉」と言われ、「え、私たち、そんなに休んでる？」と逆にびっくりしたことがあります。

日本にいると実感が持てないかもしれませんが、たしかに日本は祝日が多いうえに、最近では働き方改革で有給取得の義務化がいわれ、ますます休みが増えています。

そんな休日をただ休むためだけに使っていたら、その時間でスキルアップに励んでいる人たちとの差は開くばかりです。

企業のほうも、社員がただ休んでばかりいるのでは利益を上げられなくなってしまいます。そこで、企業の側から、社員に有給を有意義に使うよう、はたらきかける動きも出始めています。

たとえば、ホテル業界や介護業界に多いのですが、社員に補助金を出し、有給休暇を取得中に高級レストランで食事をしたり、高級ホテルに泊まったりする機会を与え、一流のサービスの体験を仕事に活かしてもらおうという取り組みもあります。社員は滅多に行けない高級レストランやホテルに行けますし、企業のほうも補助金で安上がりに効果を上げられると、お互いウィン・ウィンというわけです。

また、有給を「自分磨き休暇」と名付けて社員のスキルアップを促す例もあり、これも有給を意識的に使おうと社員に思わせるうまいネーミングといえるでしょう。

会社がこのような取り組みをしていないのなら、せめて休日の半分、または3分の1でも自分を磨くために使うことを考えてみてはどうでしょうか。旅行に行くときも単に観光ではなく、何か1つでも目的意識を持つことで、見えてくることも、得られる気づきもぐんと増えると思います。

急速に進む副業解禁

働き方改革で残業が減り、有給が増えても、もらえるお金は減っていきます。働く側にとって厳しい状況ですが、それをチャンスに変える方法も、働き方改革で生まれつつあります。

その1つが、副業解禁です。

これまで、日本の企業は「本業に影響する」という建前で副業を禁止していました。それを大きく変えたのが、首相の私的諮問機関である働き方改革実現会議が2017年に発表した「働き方改革実行計画」です。

このなかに副業推進が盛り込まれたことで、厚生労働省が公開するモデル就業規則の副業禁止項目が、2018年の改訂で削除されました。これを受け、企業でも副業解禁に踏み切るところが急速に増えています。

2019年5月に実施された日本経済新聞社のアンケートによると、東証1部上場企業で副業を認めている会社は49・6%、副業解禁を検討中のところと合わせると50%以上です。2015年のアンケートでは9割の企業が副業禁止だったことを考えると、わずか4年で副業解禁の流れが浸透したことがわかります。

注目すべきは、金融機関で副業解禁が進んでいることで、特に規模が小さい地域で展開している地銀や信金などが積極的な印象です。

このスピード感は、1つには「他社がやっているから」ということが影響しているでしょう。副業解禁をしていなければ「遅れた会社」と就活生に思われ、敬遠されてしまうかもしれません。「時代の流れに敏感な、働きやすい会社」とアピールしようと、副業を解禁したところも少なくないように思います。

また、副業を解禁した大手企業の目的は「社内イノベーション」を活発化するため、とされています。つまり閉塞感のなかで新しいアイディアが手詰まりになっているので、副業によって社員の視野を広げ、自社の業績が上がるように貢献してほしい、ということです。副業を容認するだけではなく他社の専門人材を受け入れ、互いに交流を図ろうとしている企業もありますが、これはまさにイノベーションを期待してのことでしょう。

副業解禁のオモテとウラ

副業解禁の流れは始まったばかりなので、「自分のまわりに副業している人なんていないけど……」と、まだ実感を持てない人も多いかもしれません。でも、これからますます、副業を解禁する企業は増えていくでしょう。なぜなら、副業解禁は「労働力不足と低賃金をクリアするうってつけの制度」だからです。

なぜ、副業に厳しかった金融機関ですら解禁へと積極的に動いていると思いますか？　背景には、それだけ「人手不足が深刻」という事情があります。副業解禁先進県として知られる福井県が公務員の兼業・副業を推進しているのも、人口減、働き手不足に悩む地方にとって、副業はもはや欠かせなくなっているということの表れです。

企業にとっては、残業代などこれまで払っていた賃金をカットでき、人手不足解消も進むと、まさに一石二鳥の策といえます。副業解禁には、「減った分は自己責任で補ってください」「これ以上は会社で払わないので、お金が欲しければ他で稼いでください」というメッセージが隠されているのです。ちょっと怖いですね。

さらに、副業解禁は正規・非正規の賃金格差是正にも利用されています。本当なら、企業が格差を埋めるために非正規に正規並の給料を払わなければならないのですが、実際に起こっているのは、「副業できる環境をつくるからダブルワークして収入を増やしてね」という状況です。

ですから、「副業する社員がもっと増えてほしい」というのが国や企業の本音です。メディアでも「副業で仕事に対するモチベーションが上がった」「収入も増えた」など盛んにメリットを強調されることになるでしょう。

でも、だまされてはいけません。

今、実際に副業をしているなかで、そんなキラキラした状況にある人がどれだけいるかは大いに疑問です。多くの人たちは、減った収入を補い、家計を助けるために、コンビニのレジバイトや夜間勤務などをしています。これではイノベーション推進どころか、労働量が増えてただきついだけ、「できることなら、副業などしたくない」というのが働く側の言い分でしょう。

さもいいことのように喧伝される副業解禁も、フィルターを外せば「それだけ日本がジリ貧」という現実が浮かび上がってきます。副業解禁が働く側のために行われているだけではないということを、私たちはしっかり理解する必要があるのです。

「副業するより節約」が正解？

副業解禁といっても、今の段階では、「個人事業ならOK、2つの会社で働くことは禁止」としていたり、副業は本業とかけ離れたことしか認めなかったりする企業が多いようです。これでは、副業したくてもイノベーションや大幅な収入アップにつながるような副業を見つけることは難しく、なかなか踏み切ることはできません。

特に若い人たちのなかには、「稼ぐより生活を小さくしよう」「節約できるところは節約しよう」という考え方が目立ちます。「お弁当男子」などがいい例です。彼らは「無理をしてまで、収入を増やそうとは思わない」というメンタリティが強く、「家族を養うためにダブルワークをしなければならないのなら、独身のままでいい」「どうせ今の収入では結婚は無理」などとあきらめていたりします。

私の周囲にいる若い女性たちと話していても、そんな安全志向がすごく強いと感じます。「無理をしない」のは、別に悪いことではありませんが、安全志向に傾きすぎて人生が小さくまとまってしまうのだとしたら、「ちょっと、もったいないなあ」と思ってしまいます。これから先、そんな狭い枠のなかで慎ましく暮らしていくことが自分にとっての

「楽しい人生」なのかどうか、よく考えてほしいと思うのです。

何も、「たくさん稼げるようになれ」ということではありません。でも、「社会に求められる人」になることはとても大切です。社会に求められ、自分が大勢の人の役に立っているという充実感は、自分の小さな世界を守っているだけでは得ることが難しいやりがいや生きがいだといえるでしょう。

どんな人が「社会に求められる」のか

では、どうすれば社会に求められる人になれるのでしょうか？

私は、社会に求められる人に必要とされるのは、資格やスキルだけではないと思っています。

たとえば、いつも生き生きとしている人と会うと、なんだか元気をもらえるような気持ちになりませんか？

生き生きしていることと、資格やスキルとは関係ありません。では、何が人を生き生きさせるかというと、それは「好きなことをしている」から。

誰でも、好きなことには一生懸命に打ち込むものです。一生懸命な姿は生き生きとしていて、それを見た周囲の人は元気になったり、幸せを感じたりします。好きなことに一生懸命になるだけで、まわりを幸せにしたり元気にしたりできるのですから、これはすごいことだと思いませんか？

つまり、社会に求められる人になるには、自分は何が好きなのか、何をしているときに充実していると思えるのかが大きなヒントになるということです。

これは、守りの姿勢でいるだけではなかなか見えてこないことなので、少しでも、日常とは違う体験をすることを意識してみるといいでしょう。

1つ挙げるとすれば、海外の人たちの生き方や考え方に触れることもおすすめです。海外に行かなくてもネットでなんでもわかると思っている人も多いようですが、街の活気や現地の人々の発するエネルギーは、やはり実際にその場に身を置くことで体感できるもの。「日本とはこんなに違う」という発見が、あなたの視野をぐんと広げてくれるはずです。

無報酬の副業にまさかのメリット

働く側にとっての副業のメリットは、まさにこの「視野を広げる」というところにあります。副業解禁の流れを反映して、最近、副業アプリやマッチングサイトも花盛りですが、私が注目しているのは「報酬なし」の副業です。

たとえば、リクルート主催の「サンカク」など、同業他社の事業についてのディスカッションに参加するというものがありますが、報酬なしの副業がなぜメリットになると思いますか?

まず、「事業や新商品についてディスカッションする」ということ自体が、とてもクリエイティブな作業です。副業ではありませんが、私もビジネススクールで、各メーカーの事業や新商品を提案する研究やディスカッションを行い、メーカーの担当者も招いて具体的に詰めていくという課題を経験しました。これは今、自分が事業を行っていくうえでとても役に立っています。

普段はなかなか見られない同業他社ではどのようなやり方で仕事をしているのか、実際に体験できるというのもポイントです。それによって「他社ではこうなんだ」「自分の会社でも取り入れられそう」などと参考になりますし、人脈もぐんと広がります。コミュニケーションを取るなかで、「この仕事でどのぐらいのお給料がもらえるのか」という話題も出るでしょう。「自分だったら、いくらぐらいのお給料になるだろう」と具体的に想像できますし、転職を考えている人には、自分の「市場価値」を客観的に測るきっかけにもなります。

実際、このタイプの「副業」をした後、転職したり起業したりする人も多いようです。こうした副業なら、イノベーションが生まれたり、キャリアアップになったりする可能性が大きいといえますね。

どうせ副業をするなら、ただ自分の時間を切り売りして小銭稼ぎするのではなく、今すぐお金にはならなくても自分の成長につながる機会になるような副業をしたいものです。「ステップアップのための準備期間」と前向きに捉えれば、働く側にとっても副業は必ずプラスになると思います。

働き方改革で生まれた時間を賢く使う「はじめの一歩」

重要なのは、視野を広げるために「違う世界に自分を置く」ことで、その手段は、必ずしも副業でなければならないということではありません。

英会話スクールなどの習い事でも、一緒に通う人たちとのコミュニケーションを通じて、「そんな仕事があるのか」「そんな考え方があるのか」といろいろな発見ができるでしょう。あるいは、映画を観たり、本を読んだりなど、今の自分に刺激を与えてくれるものなら何でもいいのです。

「仕事で疲れているから、それ以上、何かやるなんて無理」という人も、とりあえず「動いてみること」「会社以外の人と付き合うこと」をおすすめします。

仕事や人間関係の疲労感は、じっとしていたり、お酒を飲んで憂さ晴らししたりするだけでは取れない、と思ったことはありませんか？　リフレッシュするには、自分に新たなエネルギーを注ぎ込んでくれるような体験が必要です。人生の行き詰まりも同じで、「動いてみる」ことで道が開けることはよくあります。

真面目な人ほど「仕事に役立てないと」「会社のためにスキルアップしよう」と思いがちですが、そういう視点は、いったん脇におきましょう。

何をやるにしても、まずは「それを自分がしたいかどうか」です。純粋に興味を持って行動することのパワーは強力で、必ず活路が開けます。私が48歳でビジネススクールに通い始めたときのように、一見、無駄なように見えて、そうしたところにその後の人生の転機となるような気づきが眠っているのです。

「自分がしたいこと」は、どんなささいなことでもかまいません。私はよく研修で、「小さなことでいいから〈自分で決めたこと〉を続けてみよう」と話します。

たとえば、「ブログを書く」という人もいれば、「靴を揃える」という人もいます。一見簡単そうに思えますが、毎日続けるとなると、意外と大変です。でも、積み重ねていけば、必ず成果となって表れます。

私の研修を受けて「犬の育て方」をテーマにブログを書き続けた人は、どんどん文章が上手になりフォロワーも増えていきました。今では、犬の育て方についてのちょっとしたエキスパートです。また、靴を揃えることを続けた人はものを丁寧に扱ったり、細かいところに目が行き届くようになったりするようになり、職場でも「気が利くね」「仕事がていねいで安心できる」と褒められているそうです。

「自分が決めたこと」を続けている人は、皆、とても生き生きしています。そんな彼女たちの姿を見ていると、「小さな一歩から生活が変わる」「小さな自信が新しい世界のドアを開ける」というメッセージが届いてよかったと心から思います。

「立ち止まっている自分」を愛さない

あなたがその一歩を踏み出すことができないのは、「これ以上のストレスは嫌」と思っているからかもしれません。それだけ今置かれている状況が大変なのだとしても、ストレスを避けてばかりいたら人は成長できません。

生きていく以上、ストレスがあるのは当然だと私は思います。

たとえば、嫌いな科目を勉強するのは嫌なものですし、テストはストレスでしかありませんよね。でも、嫌だからと勉強しないでいたら、その科目の学力はつかないままです。たとえ嫌々でもがんばって勉強した人が、学びを自分のものにすることができるのです。

社会人なら、初めての仕事は誰でも緊張しますが、やってみてうまくいけばプラスになりますし、失敗したとしても、その経験をなんらかの形で活かしていくことができます。ストレスに負けてしまうか、向き合ってはねのけていくかで、その後の成長に大きく差がつくのです。

「成長なんて、しなくていい」と思うのは自由ですが、「成長することをやめた人」の末路は「嫌われる年寄り」だと私は思っています。

いつも苦虫をつぶしたような顔で不満ばかり、口角は下がって眉間にシワ、そのまま倒れたら道行く人にまたがれてしまいそう……。研修で「嫌われる年寄りになりたくない」という言葉をよく聞くのですが、たしかにこんなふうにはなりたくないですよね。

逆に、成長を意識しながら生きてきた人は、好奇心にあふれ、学ぶことに積極的で、生き生きとしたお年寄りになるでしょう。そんなお年寄りなら、たとえお金持ちでなくても、きっと尊敬されると思います。そんな「愛されるお年寄り」になるために大切なのは、ズバリ、「立ち止まっている自分」を愛さないということです。

これからの人生のために働き方改革で生まれた時間をどう使うか、今はその大事な分かれ道といえます。どうか立ち止まらないでください。あなたの持っているポテンシャルを活かし、大きく成長していくために、勇気をもって一歩を踏み出していきましょう。

第3章

育休制度で、仕事にも育児にも無理なく頑張れる？

この10年で変わったこと

女性が働き続けるときに立ちはだかる最大の壁は、やはり出産、そして育児の負担ではないでしょうか。

前章でもお話ししましたが、私も、子どもができたことで一度専業主婦になりました。本当はずっと働いていたかったのですが、当時勤めていた会社には産休・育休制度がなく、「結婚したら辞める」のが当たり前とされていた時代だったのです。保育園の数も少なく、子持ちで働く女性は残業のないパートをするか、おばあちゃんに夕方まで預けるかのほぼ二択でした。30年前のことです。

でも、そんな時代は過去のものになりつつあります。

今の日本では、子どもがいる女性が働き続けられるよう、法律で産休・育休制度がきちんと定められているのはご存じですよね。

これは、大企業に勤める女性だけの「特権」ではありません。

「うちの会社は小さいから、産休・育休は取れない」ということはないですし、中小企業、あるいは外資企業であっても、産休や育休を取ることは認められています。違反した企業には6カ月以下の懲役又は30万円以下の罰金が課せられます。

ちなみに、会社から「妊娠したら辞めてほしい」と退職を迫ったり、「フルタイムは無理だろうから、派遣で働いて」と労働契約を変更したりすることは法律違反です。あなたが妊娠を理由に会社からそのようなことを言われた場合、役所などの窓口に相談することをおすすめします。

産休・育休制度が整えられたおかげもあり、特にこの10年で、出産後も働く女性が確実に増えています。厚生労働省の調査（「21世紀成年者縦断調査」２０１８年）によると、仕事を持つ女性で出産後も働いている人は73・7％（２０１７年）、10年前の57％と比べるとその変化は明らかです。

ただし、産休や育休制度は「社員が取得したいと望めば」利用できるということになっています。

つまり女性のほうから「産休を取りたい」「育休を取りたい」と申請することが必要なのですが、これが難しいというケースもしばしば見受けられます。特に、少人数でやりくりしなければならない職場では、自分から「産休を取りたい」と言えなくて、仕事を辞めていく女性たちは少なくありません。

先ほどの調査では「育休が利用しやすい雰囲気がある」と答えた女性では84・1%が職場復帰したのに対し、「利用しにくい雰囲気がある」では64・5%にとどまり、残りの35・5%は転職や離職をしていたという結果が出ています。

産休・育休制度があっても「働くのは無理」？

せっかく制度があるのに、なぜ彼女たちは辞めていくのでしょうか。

背景には、深刻な人手不足があります。今でもギリギリの人数で仕事をまわしているのに、貴重な戦力である女性社員が妊娠したとわかったら、会社としては「どうやって穴埋めしよう」ということがまず先に立つでしょう。「法律だから産休を取るのはしかたないけど、それは困ったなあ」という雰囲気になってしまうのも、しかたないのかもしれません。

女性社員のほうも、まわりが山のように仕事を抱えているなか「産休を取らせてください」と堂々と申し出られる人ばかりではないでしょう。本当は、妊娠はおめでたいことですし、産休を取ることは労働者として当然の権利なのですが、本人も自分が抜けることでどれだけ周囲に負担を増やすかがよくわかっています。「法律で守られているから」で押し通しても周囲とぎくしゃくして居づらくなるかもしれません。それで、自分から辞めてしまうのです。

でも、そんな消極的な理由でキャリアを途切れさせるのは非常にもったいない。

何かいい方法はないのでしょうか?

頭が固いトップや上司の問題

だいたい、「妊娠したら仕事を辞めなければならない」なんて、21世紀の話とは思えません。女性社員が途中で辞めてしまうのは、会社にとっても大きな損失だからです。

もし女性社員が妊娠する度に辞めてしまったら、またイチから採用して仕事を覚えてもらわなければなりません。その膨大な手間とコストを考えれば非常に効率が悪いといえますし、それだったら数年かけて育成してきた女性社員に長く働いてもらうほうが長期的には得なはずです。「戦力ダウン」になるのは一時のことで、その穴をカバーするにはどうするか、考えるのは経営側の責任でしょう。

これまで繰り返し述べてきたように、多様な働き方を認め、短時間勤務でも効率よく成果を上げるマネジメントをすることは、働き方改革が目指す方向でもあります。日本でも若い世代や女性の経営者が増えていますが、そのほとんどは、産休・育休を取って女性が働き続けることは当然という意識です。

要するに、制度は整っても、オジサン世代のトップの意識がいまだに追いついていないということなのかもしれません。

たとえば、「妊娠かぁ、子どもにはやっぱり母親がそばにいてやるのが一番だからな」などと、古い考えにとらわれている上司も少なくないと聞きます。これは立派な「マタハラ」ですよね。

マタハラ（マタニティ・ハラスメント）という言葉も、だいぶ一般的になってきましたが、具体的には何がマタハラにあたるのでしょうか。

企業にマタニティ・ハラスメント対策を義務付ける指針が施行されたのは、2017年1月のことです。そのなかで、「マタニティ・ハラスメントの典型例」として、次のようなことが紹介されています。

「休業や労働時間短縮などの制度利用を相談した妊婦に対し、解雇や降格を示唆する、また、制度利用を申請しないよう求める」

これは、「妊娠した？　だったら、辞めてもらったほうがいいかもしれないな」「今のポジションはもう無理だね」と言ったり、また「産休とか育休とか、取られたら困るから」と制度を利用しないようプレッシャーをかけたりすることです。聞いただけで許せない気持ちになりますね。

上司が「家事・育児は女性がやるもの」と決めつけて、出産後も仕事を続けることに対していろいろ嫌味を言ってきたりしたら、「それ、マタハラですよ〜」なんてさり気なく釘を刺すことは当然の権利です。

あなたが「子どもがいても仕事をしたい」と思うなら、他人の価値観を押し付けられる義理はありません。前述したように、会社のほうから「辞めなさい」と言うことはできないのですから、頭が固い上司が何を言おうと気にしなくて大丈夫です。先ほどの調査結果にあるように、仕事を持つ女性が出産後も働き続けることはもう当たり前、理不尽な上司のプレッシャーなんて、はねのけていきましょう。

妊娠したら腫れもの扱い?

反対に、マタハラになってしまうことへの配慮が強すぎて、女性社員が妊娠したとわかると、途端に腫れものにさわるような扱いになってしまうということもよくあるようです。特に男性上司にその傾向が強いようですね。

もちろん、母体や赤ちゃんを守るために、妊娠中の女性には配慮が必要です。「妊産婦等を妊娠、出産、哺育等に有害な業務に就かせることはできない」という法律(妊産婦等の危険有害業務の就業制限)もあり、企業は必要な人に対して十分に気遣いをすることが求められています。

また、労働基準法でも「妊娠中は軽易な業務への転換を希望することができる」とされています。本当は体調がつらいのに遠慮して言い出せないという人もいますが、無理したことでもっと迷惑をかけてしまう可能性もあるのですから、ちゃんと伝えてくださいね。

ただ、この「軽易な業務」という言葉だけが安易に受け止められてしまい、「妊婦は簡単で楽な仕事しかできない」と単純に決めつけられている気もします。

妊娠中であっても、体調が良く、本人にもやる気があるのに、「『妊婦だから』と楽な仕事ばかりさせられるんです」とこぼす声を聞くと、「ちょっと、過剰に気をまわし過ぎでは?」と思ってしまいます。

これは、必ずしも女性にとっていいこととはいえません。当然のことですが、妊娠中の体調には個人差があります。それまでと変わりなく元気な人もいれば、つわりがひどくて起き上がることすらできないという人もいたり、場合によっては、医師から「母体と赤ちゃんを守るために絶対安静」と指示されたりすることもあります。「妊婦だから」と一律に型にはめるのは、本来おかしな話なのです。「この仕事は無理だけど、これならできる」という範囲は、人によっても、そのときの体調によっても感じ方が違うでしょう。個別に話し合って、どの仕事なら大丈夫か、確認すればいいだけだと思うのですが、企業は「とにかく法律違反にならないように」とあたふたしている印象があります。

権利ばかり主張する女性たち

企業がそうやって妊娠した女性社員を腫れもの扱いしてしまうのは、女性のほうにも原因があるのかもしれません。

たくさんの女性たちが「自分が妊娠したことで周囲に迷惑をかけている……」という後ろめたさを抱えているなか、実際は元気なのに、「私は妊婦なんだから、もっと優しくして！」と声高にアピールする人もいます。体調が思わしくないときにアピールすること自体は必要ですが、なかには「そこまで言わなくても……」と思うようなケースで権利ばかりを要求する女性も混じっているのが厄介です。

ただでさえ「法律違反」ばかり気にしている企業は、「マタハラと訴えられたら大変」と焦ります。そして「触らぬ神に祟りなし」状態になってしまうのです。

もしかしたら、あなたの周囲にも、妊娠や育児を理由に大変アピールを繰り返す人がいるかもしれませんね。

「産後なのに全然配慮してくれない。もっと楽な仕事にして」

「子育て支援する会社のはずでしょ？　だったら、早く帰れる部署に異動させて」

そんなふうに主張してばかりの女性を、周囲は「わがまま放題」「甘やかされている」「だから、子どもがいる女性は……」などと、冷ややかに眺めているものです。それでも、当の本人はどこ吹く風で、出産する度に大変アピールを繰り返し、ますます腫れもの扱いはひどくなっていきます。

本人は満足かもしれませんが、「妊婦や子育て中は重要な仕事はさせない」と決めつけられてしまう女性たちにとってはいい迷惑です。「守ってもらって当たり前」と制度にあぐらをかくのは、やはり違うのではないでしょうか。

また、我慢に我慢を重ねた挙げ句、感情的になってしまう人がいますが、かえって伝わらず、いきなり言われた相手はその高いテンションに嫌悪感を抱いてしまいます。主張したいことがあるのだとしたら、まず落ち着いて、言うべきことを整理してから、冷静に話すことを意識したいものです。

一番の問題は「同性からのハラスメント」？

大変アピールを繰り返す女性たちは、一緒に働く同僚に対しても「マタハラだ」と騒ぎ立てたりします。

では、どのような言動が同僚からのマタハラとなるのでしょうか？

マタニティ・ハラスメントの典型例には、「つわりなどで労働効率が落ちた妊婦に対し上司や同僚が繰り返し嫌がらせをする」という例も挙げられています。でも、「嫌がらせ」という言葉はかなり曖昧で、人によって受け止め方が違ってくるでしょう。

たとえば、忙しい職場では、保育園のお迎えのために「お先に」と帰っていく女性たちに「皆、毎日遅くまで残業してクタクタなのに」「子どもがいると早く帰れていいね」など冷たい視線が向けられたりします。また、男性以上に同性である女性たちから厳しい態度を取られ、溝ができてしまうのが辛いという話もよく聞きます。

「子どもがいる人の仕事が全部こっちにまわってくる。本当に迷惑」

「また子どもが熱を出したんだって。そんなにしょっちゅう早く帰られたら困るよね〜」

そんな会話が聞こえてくれば、「私だって、毎日、仕事と育児の両立で倒れそうなのに……。どうしてわかってくれないの?」と、カチンときてしまってもしかたありませんよね。「同僚から嫌がらせをされている」と言いたくもなりますが、そこで「マタハラだ」とアピールしても、かえって逆効果になりがちです。

ちょっと頭を冷やしてみましょう。もしかしたら、「わかってくれない」のはお互い様かもしれません。

「育休で1年も休めていいな」「子どもがいる人は楽できてうらやましい」などと勘違いされてしまうのは、「子育てしながら働くことがどれほど大変なことなのか」が理解されていないからです。たとえ同性であっても、独身だったり子どもがいなかったりすれば、実感しにくいことに変わりはありません。

一方、独身の人、子どもがいない人にも「早く帰りたい」という事情があるかもしれません。「自分だけこんなに大変」と不満を抱えるのではなく、「お互い、大変だよね」と、配慮し合える関係が理想的です。

ある会社では、互いの立場を理解し合うために、時短で働くママさん社員と独身社員の仕事を交代させてみたそうです。子どもに何かあったら大変なので、独身社員は2人でチームを組み、16時に退社してママさん社員の子どもを保育園へお迎えに行き、夕食をつくり、入浴させ、寝かしつけるところまで体験したところ、もうヘトヘトになってしまったといいます。

「保育園から家に帰るまで、普通に歩けば15分なのに30分以上かかった」

「子連れで買い物するのが、こんなに疲れるとは」

「子どもの相手をしながら、ちゃんとした食事をつくるなんて無理」

「2人でやってこんなに大変なんだから、1人でこれを全部やるなんてすごすぎる」

そんなふうに、子育てしながら時短で働くことがちっとも楽ではないことが実感でき、ママさん社員をサポートする空気が職場に自然と生まれていきました。また、ママさん社員のほうも、自分の分まで残業している同僚たちへの感謝が強まったそうです。

優秀な女性社員ほど辞めていく

産休や育休がなければ、女性は出産後も仕事を続けていくことはできません。保育園のお迎えや子どもが突然熱を出したときなどには、短時間勤務や看護休暇などが大きな助けになります。これらの制度は、子育てしながら働く女性にとってとてもありがたいものです。

ただ、誰にも一律に制度をあてはめることで、現場には様々な矛盾も生まれています。皮肉なことに、優秀な女性社員が育休明けにやる気を失って辞めていく一方で、会社が「本当は、辞めてほしいんだけどなあ」と思う女性ほど、しっかり権利を行使して居続けていたりします。

「制度の恩恵だけ受けて、さっさと辞める」という行動だけ見れば、女性がわがままなように見えてしまいます。でも、決してそういうことではないのです。

男女雇用機会均等法や育児介護休業法などの法律では、産休や育休明けの女性社員を一方的に配置転換しないよう、企業に配慮を求めています。でも、現実はどうでしょうか？

実際には、復帰した女性社員は「早く帰るから」「いつ休むかわからないから」と、「戦力外」に追いやられてしまうということが頻繁に起こっています。それまでバリバリ働いていた人も、責任ある仕事ややりがいが持てるプロジェクトに関わらせてもらえず、活躍する機会が一気に減るということになりがちです。

そうなれば、どうしても足踏みをさせられ、同期や後輩の男性たちがいろいろな仕事を与えてもらえて伸びていくのを横目で眺めるしかありません。

「私だって、もっと働きたいのに」

「このままじゃ、自分の能力を活かせない」

やる気がある優秀な女性ほど欲求不満がたまり、辞めてしまうということになります。本人にとっても会社にとっても、本当にもったいない話です。

ここでも、会社と女性社員とのコミュニケーション不足が問題になっています。

育休明けの女性たちがどれくらい働けるかは、「実家のサポートがあてにできるか」「夫が協力的か」「保育園が遅くまで預かってくれるか」などの状況で変わってきますし、仕事に対するモチベーションも、皆、同じなわけではありません。「最低限の労働時間で生活費の足しになる程度のお給料がもらえればいい」と思っている女性もいれば、「働く以上は自分の能力を活かしたい」という女性もいます。それなのに、会社はなぜか「産休・育休明けの女性はここ」というコースに入れたがります。

会社がもっと本人たちの希望を聞いて、柔軟に対応すべきなのです。

育休は疑問だらけの制度

子育てしながら働く女性のための様々な制度のなかで、育休については「女性が働き続けるために、本当にこれでいいのかな？」という疑問があります。

一番の問題は、「育休を取った女性が昇進できない」ということです。あなたが勤めている会社でも、今、管理職についている女性たちの多くは独身だったり、既婚者でも子どもがいなかったりするかもしれませんね。

子どもがいる女性は、管理職になる能力に欠けているということなのでしょうか？　いいえ、そんなはずはありません。

問題は、子どもがいる女性社員ではなく、日本企業の人事評価制度にあります。

日本の会社の多くは、いまだに高度成長期のモーレツサラリーマンのような「長時間働く人」が評価され、出世していくという仕組みで動いています。そのようなシステムの下、育休を取って時短で働く女性は不当に低い評価をされがちです。

たとえば、何人も子どもを生む女性は、それだけ育休を多く取り、時短で働く期間が延びるため、どんなに優秀であっても、フルタイムで働ける社員とは同じ土俵で評価をしてもらえません。会社によっては子どもが小学校を卒業するまで時短勤務を認めているところもありますが、これも同じことで、制度を利用すれば利用するほど出世からは遠のくということになります。

「うちの会社の育休は手厚い」「女性に優しい会社だ」では済まないのです。

現在の長時間労働を前提とする人事評価制度を変えない限り、育休が延びるほど、女性は管理職候補から外されてしまうということになるでしょう。

第1章でも述べたように、政府は「2020年までに女性管理職30%」を目標としています。けれども、ただでさえ女性の母数が少ないのに、育休などで勤続年数が減少することにより女性の出世がいっそう遅れてしまっているのですから、目標達成にはほど遠いというのが現状です。

育休を取って働き続けた女性たちが管理職になるためには、会社がもっと「短時間でも成果を上げている」社員を評価するようになることが絶対に必要なのです。

「女性だけ1年間育休」の問題点

育休の問題は他にもあります。特に、育休で1年休むことにはデメリットが多いと私は考えています。正直、1年は長すぎます。

「赤ちゃんのそばにゆっくりいられるのはいいことじゃないの？」という反論が聞こえてきそうですね。でも、1年休んでいる間に何が起こるか、少し考えてみてください。

子どもとべったり過ごした1年間から急に職場復帰するとなると、「仕事にちゃんと戻れるのか」という不安も大きくなります。子どもにも母親と離れるストレスが強まりますし、母親のほうも「こんなにかわいい子と離れるのは嫌」という気持ちが募りがちです。

地域によっては、保育園はどこも定員オーバーで子どもを預けるのも一苦労となれば、

「いっそ、このまま辞めてしまおうか」となるのは、ある意味、自然の成り行きかもしれません。

でも、そこで辞めたら最後です。

「子どもが幼稚園に入る3歳ぐらいから、また働けばいい」と思うかもしれませんが、「小さい子がいる女性は早く帰るし」「責任ある仕事は無理でしょ」と考える会社は多く、3年も仕事から離れていた人がすぐ正社員で採用されるケースは稀です。それでも働こうとすれば、非正規や派遣ということになります。

本当にそれでいいのでしょうか？

一時の感情に流されて、自分の人生や仕事への向き合い方について考えないまま退職すると、「あのとき、辞めなければよかった……」と後悔することになるかもしれません。

1年育休の問題は、その間、会社と完全に切れてしまうところにあります。完全に休むか、育休を切り上げるかの二択ではなく、もっと柔軟な働き方ができれば、職場復帰ももっとスムーズにいくはずです。

実際に、育休中であっても週1回出社や短時間のリモートワークを認めている会社もあります。新型コロナウイルスによる出社自粛の結果、在宅で十分に仕事が進むということも実証できたことから、今後、急速に導入が進むと予想されます。

在宅勤務中に幼い子どもがオンライン会議に顔を出して微笑ましい会議進行になったという話を聞くと、子連れで仕事をすることに対する理解も随分進んだなあと実感します。

現場業務等の担当で在宅勤務ができない部門もありますが、これも工夫次第でなんとかなるものです。たとえば、育児中は担当業務の変更を認めたり、チームを組んでカバーしてもらいながら短時間労働ができる制度などがあれば、十分機能すると思います。

これから管理職が育休を取得することも増えていけばなおさら、仕事の責任と育児を両立できるシステムを整えていくことが会社に求められていくはずです。

育休中に決まってしまう夫婦の役割分担

法律では「1歳未満の子を育てる男女労働者は育児休業を取得できる」とされていますが、1年休むのはたいてい女性です。なぜなら、一般的には女性のほうが低賃金なので、女性が休むほうが家計にダメージを与えないからです。

また、男性にはいまだに「キャリアを途切れさせたくない」「育休を取るのは奥さんだけ」という気持ちも強いようですね。時短勤務をして保育園の送り迎えをしたり、家事育児をしたりする男性を見かけることも増えてきていますが、全体ではまだまだ少数派ではないでしょうか。

現実は「育児に関わりたい」という気持ちがあっても、働き盛りの夫にサポートする余裕はほとんどないということかもしれません。毎晩遅くまで働いて疲れて帰ってくる姿を見れば、妻は「家にいる私が家事や育児をしないと」とがんばってしまいます。

でも、そうやっているうち、1年の育休が終わる頃には、女性に家事と育児の負担が集中する役割分担ががっちり固まってしまうのです。

赤ちゃんのほうもいつもそばにいる母親になつくので、余計に父親の出番はなくなります。いざ女性が復帰しようとするとき、「やっぱりママじゃないとだめ（だから自分はやらない）」あるいは「やり方がわからないから」と夫が手を出さなくなってしまい、保育園の送り迎えも病気になったときの看病も、いつも「ママにおまかせ」というパターンが続いてしまいます。

2人の子どもなのに、おかしいですよね？

女性のほうは「私が仕事を再開したら、夫も手伝ってくれるはず」と思っているかもしれませんが、「大変だと察してくれる」と期待しているのは女性だけ、何も言わなければ、一度出来上がった習慣はなかなか変わりません。結果的に、「なんで私ばっかり」と妻が不満を募らせ、「俺は忙しいんだ」「私だって働いている」と言い争いになる。「子どもが生まれたことで夫婦喧嘩が増えた」という夫婦は想像以上に多いのです。

そうならないためには、育休中から「家事・育児は夫婦2人で」を実行することです。早ければ早いほどいいですが、遅くとも育休が明ける前までに、夫婦で家事や育児をどう分担するか、しっかり話し合っておきましょう。

本当はいっぱいいっぱいなのに、「女性がやらなくては」と自分1人で育児も仕事も抱え込み、自分を追い詰めてしまう人もいます。お母さんが専業主婦というケースが多いようですが、たぶん「家事・育児は女性がやるもの」という意識が刷り込まれてしまっているのでしょう。

私の友人に「夜の授乳は夫担当」と早々に決めて睡眠時間を確保し、キャリアを築きながら子どもを3人産んだ人もいます。「夫は仕事があるから」と遠慮ばかりしていたら、いつか倒れてしまいますよ。

夫から「育休中（または時短勤務）なんだから、1人で家事・育児をできるでしょ」と言われるかもしれませんが、それは夫にあなたの大変さが見えていないということです。「家事には終わりがない」とよく言います。細かい用事は膨大にあり、子どもと一緒だと何をするにもとにかく時間がかかるということを、どうすれば夫にわかってもらえるか、考えてみましょう。

このとき、感情的になるのは禁物です。おすすめは、あなたが1日（時短勤務の人なら早上がりした2時間なり3時間）に何をやっているかを整理し、リスト化すること、そうすれば一目瞭然です。口で言うのが難しいのなら、育児の大変さを伝える漫画などを読んでもらってもいいですね。

男性が「取るだけ育休」にならないために必要なこと

そもそも、男性の育休取得率はあまりにも低すぎます。

日本の男性の育休取得率は、２０１９年度でたった６・16％しかありません。前年比で増えてはいますが、上昇率は１％強と、変化のスピードはあまりに遅く、もどかしくなります。ちなみに、女性の育休取得率は２００７年以降ずっと80％台です。この差はいったいなんなのでしょうか？

その６・16％のなかで、「５日未満」の育休取得が56・９％、そして８割以上が「１カ月未満」しか育休を取っていません。これも、女性の９割近くが「６カ月以上」の育休を取得しているのと対照的です。

政府も２０１０年度から「男性の育児休業取得推進事業（イクメンプロジェクト）」なるものを立ち上げ、男性の育休取得が進んでいる企業や部下の育休取得を促す「イクボス」を表彰したり、「パパ・ママ育休制度（両親共に育児休業を取得する場合、休業可能期間が1歳2カ月まで延長される）」などの制度を新設したりするなど、後押ししようとしています。でも、それだけでは「育休は女性が取るもの」という空気はなかなか変わりません。

ただし、「育休を取りたい」と思っても取れなかったという男性が35％以上いることを考えると、男性ばかり責めるのもかわいそうです。

育休を取得しなかった理由には「会社で育児休業制度が整備されていなかった（27・5％）」「育児休業を取得しづらい雰囲気だった（25・4％）」「業務が繁忙で職場の人手が不足していた（27・8％）」「自分にしかできない仕事や担当している仕事があった（19・8％）」が挙げられています。これらは、会社の側が解決する問題といえそうです。

一方、ただでさえ男性の育休取得率が低いというのに、本当の意味で育児に参加している男性はさらに少ないという調査結果も出ています。

子育て支援アプリを運営する「コネヒト」などが2019年に実施したアンケートによると、育休中の男性の32％が「2時間以下の育児」しかしていないそうです。これでは「取るだけ育休」と言われてもしかたありません。

妻の側からは「夫の家事スキルが低い」「夫が自分のことばかり優先する」など辛辣な声があがっていますが、これは夫婦の間でコミュニケーションが取れていれば防げたことかもしれないという気もします。

普段育児にほとんど参加していない夫であればなおさら、「何をすればいいか」ということがまったくわかっていないものです。なかには、ただ夜泣きで寝不足になっただけで「自分は育児に参加している」と勘違いしている夫もいたりします。毎晩ろくに眠れずに、泣きやまない赤ちゃんをあやしたり、ミルクを飲ませたり、おむつを替えたりしている妻にしてみれば「何それ」という話ですが、実感がないというのはそういうものです。

「夫は育児の何が大変か、わかっていない」ということを前提に、妻は「育休中に夫に何をしてほしいのか」を夫にきちんと伝えておく必要があります。意外と「早く言ってくれればよかったのに」ということも多いものです。

理想をいえば、男性がちゃんと育休を取得し、早い段階から育児に参加すれば、そのまま育児にずっと関わることができるでしょう。現状で男性が女性並みに長期間育休を取ることは難しいかもしれませんが、たとえ2週間程度の短い育休でも、夫が育児に参加することは女性が仕事を続けていくうえでとても大事なポイントになります。

また、夫婦が同時期に育休を取ると、どうしても夫は妻に頼ってしまうので、「交代制」にするのもいい方法だと思います。パパ1人でなんでもやらなければならない状況は、何もできない夫を「即戦力」に鍛え上げる一番の近道です。

モンゴル人に見習いたい育児

出産後も働く女性は増えているのに、「夫は仕事、妻は家事・育児」という役割分担は日本ではまだまだ根強いと感じます。ときどき、妻のほうが稼ぎが多く、男性が家事・育児の大半を担っているケースもありますが、立場は入れ替わっても「負担が一方にのしかかる」構図は同じです。

こうした状況を変えていくためには様々な制度の充実や改善も必要ですが、私たち1人ひとりに染み付いてしまっている「夫は仕事、妻は家事・育児」の意識をシフトすることも大切かもしれません。

私が仕事でよく訪れるモンゴルでは、子どもの有無に関係なく、ほぼ全員の女性が働いています。

国土が広く鉄道網が発達していないモンゴルでは、ドライバーの需要が高く、男性が稼げる職業の1つとされています。一方、女性は高学歴で知的労働に従事するケースが非常に多い印象です。「夫がドライバー、妻が医師」というのは日本では「格差婚」になるかもしれませんが、モンゴルではごく普通で、夫が引け目を感じたり、妻が夫を見下したりするようなこともありません。

子育てしながら働くための環境も整っており、保育園に預けるための「保活」なんて聞いたことはありませんし、学童保育が遅くまで預かってくれないという「小1の壁」も存在しません。

モンゴルの学童保育は週7日オープンしており、夕食も出してくれます。勉強や習い事もできるうえ、料金も安いので、働く親にとってはいいこと尽くしです。また、祖父母が50代で早期引退し、孫の面倒を見るというのもモンゴルでは一般的です。

実は、モンゴルには産休や育休などの制度はありません。それでも、女性たちは皆、当然のように出産後も仕事を続けます。それこそ「生きるためには働かないと」と老若男女が思っているのです。これは、遊牧民の時代から受け継がれてきた歴史でもあり、実際、能力もエネルギッシュさも、男女でまったく差がありません。

「生きるために必要なこと」と思われているのは仕事だけではなく、家事も同じです。男性のほうも小さい頃から家の手伝いをするのが習慣になっているので、「家事スキルがない」ということもなく、妻が仕事で忙しいときにはごく自然と家事・育児を担います。

日本では男女問わず「なぜ家事なんてしなければならないの?」と家事を一段下に見る意識がありますが、モンゴルのような仕事も家事もセットで「生きるために必要」という意識がもっと必要ではないかと思います。

「稼いでないほうが家事をするべき」と言われたら

家事に価値を置かない考え方には、家事を担う女性の労働価値を低く見るということの裏返しともいえるでしょう。

「こっちは稼いでいるのに、家事までやれっていうの？」と夫に言われ、何も言えなくなってしまったという話を多くの女性から聞かされています。

本当の意味で、女性が「仕事も子育ても私らしく」活躍するには、「男女の賃金格差」の問題は避けられません。たしかに、今の日本では圧倒的に男性のほうが女性より稼いでいますが、それは男女の能力の差から来ているものではなく、与えられた仕事を一生懸命にやるということは、男であっても女であっても変わりはないはずです。

「こっちは稼いでいるのに」「家事は女性がやること」と言う男性たちは、そもそも男性は社会的に恵まれているというアドバンテージがあることを忘れているのではないでしょうか。

第1章にも書いたように、残念ながら日本の男女平等はまだまだ不十分です。それを理解せずに女性にマウントしても意味はありませんし、夫婦のうち男性のほうが稼いでいるにしても、それは家事や育児を担っている女性の手助けがあってはじめて可能なことのはずです。ちなみに、離婚となれば財産は妻と二分割、つまり、女性の貢献度は夫の稼ぎと同程度に認められています。

「私はあなたより稼いでないけど、仕事をしながら1人で家事育児をやっているの。もっと元気に仕事をしたいのよ。あなたの力を貸して」

「俺は稼いでいるから偉い」と威張る夫には、それぐらいの主張はすべきでしょう。

子育てと夫育て

私にも「何で自分ばかり家事・育児をしなければならないの?」と不満でいっぱいの時期がありました。でも、あるとき「いつもイライラしている自分は好きじゃないな」と気づいたのです。夫はほとんど留守であてにならなかったので、じゃあイライラしないためにはどうすればいいだろうと考えてみました。

そのときの結論は、割り切って手抜きをすること。

たとえば食事作りです。全部手作りのおかずじゃなくてもいい、品数を何品も並べることにこだわらない、たまにはデパ地下で気分が上がるようなお惣菜を買って帰る。

すると、気持ちに余裕が生まれ、食卓で子どもたちの話をゆっくり聞くこともできるようになりました。今なら、お料理代行などの家事サービスを外注するという方法もありますね。「完璧を目指さず上手に手を抜く」ことは、子育てしながら働く女性の鉄則です。

手抜きには、「1人で抱え込まず、誰かに任せる」ことも含まれます。

「自分がやったほうが早い」と他人任せにできない人も多いのですが、それでは結局、自分のクビを締めることになってしまうでしょう。特に夫との協力体制をつくりあげていくのは面倒な作業ではありますが、コツをつかんでおくと、子育てにも、さらには職場で部下をもったときにもすごく役に立ちます。

1つ目のコツは、任せるときは、「ちゃんと任せる」ことです。

相手のやり方に「そうじゃないのにな」と思ったとしても、ダメ出し、口出しは控えましょう。「じゃあ、自分でやってよ」と言い返されたり、「間違えると怒られるから、もうしない」となってしまったりするのでは困ります。そのうち、なんとかできるようになるものですから、トライ&エラーをあたたかく見守りましょう。

といっても、アドバイスが必要なときもあるかもしれません。そんなときは、「アドバイスは1回につき1つ」です。ついあれもこれもと言いたくなりますが、一度に言うとすぐに頭から抜けていってしまいます。

最初は面倒でも、他人に任せることは、長い目で見れば必ず吉と出ます。「やってくれて、ありがとう」という感謝も忘れずに、職場でも家庭でも、多くの人を上手に巻き込んでいきましょう。

あなたのがんばりは必ず誰かが見ていてくれる

今の日本で、子育てしながら働く女性たちは本当に大変です。一生懸命に働いて、そのお給料のほとんどが子どもの保育園代に消えてしまう……なんていう人も多く、「なんのために、こんなに必死になって仕事してるんだろう?」と、虚しくなってしまうこともあるかもしれません。

本来は、育児が落ち着き、仕事に集中できるようになるまでの間、女性社員のモチベーションをいかに保たせるかは会社の責任といえます。でも、会社ばかりをあてにはできないというのも、多くの育休中の女性たちが置かれた状況でしょう。

だとしたら、自分で自分のモチベーションを持ち続けることが必要になってきます。これからの高齢化社会ではひょっとしたら80歳まで働くことになるということも十分あり得ます。そのうちの5年ぐらいはロスがあっても十分取り返せると考えて、腐らずに準備することが、きっと後でものをいいます。そして、そんなあなたのがんばりは、必ず誰かが見てくれているものです。

私の周囲にも、子どもの手が離れたときに、待ってましたとばかりにリーダーに任命された人や、時短勤務でもちゃんと評価されているシングルマザーなど、あきらめずにがんばってきて報われた人たちが大勢います。

産休や育休などの制度を利用すれば、会社や同僚にどうしても負担はかかるものですし、思うように働けないことで、うしろめたさやもどかしさを感じている人もいると思います。けれども、「いつか必ず会社に恩返しする」という気持ちを持っていれば、いつか必ずその機会はやってきます。「新しい人を育てるより、自分が残ったほうが長期的には会社のためになる」と胸を張れるように仕事をしていきませんか？　会社とあなたはギブ&テイクの関係なのですから。

これまで何度も述べてきたように、働き方改革が進んでいけば、「短い時間でも成果を上げる人」が評価される時代が必ずやってきます。

現在の日本企業では、育児中の社員だけでなく介護で仕事を離れる人、留学したいからと辞める人、夫の転勤についていかなければならない人など、本来なら能力を発揮できるのにそれができない人たちがたくさんいます。でもこれからは、そうした社員の力をどう活かしていくかが、会社が生き延びるためのカギとなるでしょう。

そのことに気づいた会社では、人事部が多様な働き方についての研究会を行うなど、少しずつではありますが、変化の兆しも出てきています。

ある工事会社では、育児中の社員とフルタイムの社員を1セットチームで営業を担当し、土日や夜の営業を分担することで、成果を上げているそうです。

今後、こうした動きはさらに進んでいくでしょう。優秀な社員が働き続けられるように、「テレワークでいい」「週4日勤務でいい」といった仕組みも整っていくと予想されます。

育児で時短勤務でも能力次第で認められるようになるまで、あと少しという感じですが、そうまでして「働いてほしい」と言われるのは、それだけの能力がある人だけです。

あなたが子どもを育てながら仕事を続けていくために、必要なことはなんでしょうか？

「守ってもらう」ことばかり考えていたら、その答えは見えてきません。

どうかしっかりと自分に向き合い、自分自身の力で進むべき道を探していってほしいと思います。

第4章

正社員はクビにはならない？

この時代、「絶対安心！」はない

ここまで何度も、働き方改革の真の目的は「効率よく成果を出す」ことへのシフトを促すものだと述べてきました。それは、会社にも働く側にも、今以上にシビアな生き残りを迫るものです。

でも、このことを理解し、危機感を持って動いている人がどれだけいるでしょうか。特に、今、正社員の立場にいる人たちは、「一度、入社すればもう安心」「会社についていけばいい」とのんびりしている印象があります。もう終身雇用が保証されないことは薄々気づいているはずなのに、どこかで「自分は大丈夫」と思っているのだとしたら、それは幻想でしかありません。

たとえどんな人気企業に入社できたとしても、この先何十年も安泰かどうかは未知数です。この変化の激しい時代、「いつまでもこのままのはずがない」と考えるのが現実的だと思います。新型コロナウイルスの影響で働き方はここから一気に、加速度を増して変化していくことでしょう。

未来がどうなるかは誰にもわかりません。でも、いくつか、はっきりしていることはあるわけですから、それに対して備えることを今から考えていきましょう。

まず、これからは外国人と一緒に働くことが増えていきます。すでに外国人採用は珍しくなくなっていて、あなたの同僚にも外国人がいるかもしれませんね。

彼らの多くは優秀で、数カ国語を話せたり、修士号、博士号など高学歴、高スキルを持っていたりする人材ですから、おそらく出世も早いはずです。

また合併などで、いきなり外国人がトップに就任するということも頻繁に起こっています。そうなれば、これまで日本企業で行われてきた非効率な慣習もガラリと変えられていくでしょう。たとえば、無意味な会議、要点が見えにくい書類、長時間の残業などが一掃され、能力主義が徹底されることになっていきます。

これらは外資系企業では普通のことで、リーマンショックでは「使えない」と判断された社員は「明日から来なくていい」と即座にクビを切られました。年功序列も、何年働いたかどうかも関係ありません。おそらく今後は、日本企業も外資系企業と同様に、社員は「会社に必要かそうでないか」という一点でふるいにかけられていくでしょう。

そうなったときも、あなたは「自分は大丈夫！」と自信を持って言えるでしょうか？

AIと「プロの外注」で正社員の居場所がなくなる？

もう1つ、これは多くの人が実感していることだと思いますが、この先の社会で確実に起こることはIT化の浸透です。テクノロジーの進歩はすさまじく、今までは人がやっていた仕事がAIに取って代わられる動きは加速する一方です。

たとえば、会計ソフトの導入が進んだ経理では社員数が大幅に削減されていますし、物流ではロボットが大活躍、対面での接客が基本とされていたホテルや店舗でも、ロボットがどんどん進出しています。

「足で稼ぐ」といわれてきた営業も「ホームページやSNSでの情報発信」のほうが効率的な集客ができるので、営業職の正社員を抱えるコストを削って、魅力的なホームページの制作に力を入れるというシフトが起こっています。今後はさらに、「人でなければ」というシーンは減っていくでしょう。

さらに、ただでさえ減った「人でなければ」できない仕事も、正社員ではなく「その道のプロ」に外注するパターンが増えてきています。

会社に新卒の社員を育成する余裕がなくなり、コスト的にも「外注したほうが安い」という判断があるのでしょうが、効率化を求める働き方改革によって、こうした傾向はより一般的になっていくと思われます。そうなれば、「正社員は最小限いればいい」となるのは明らかです。

当然の話ですが、その限られた枠のなかに「いるだけで仕事をしない人」の居場所はありません。

では、どんな社員が「必要」と判断されるのでしょうか。

有名な話で、「集団の2－6－2の法則」というものがあります。会社でいえば「仕事ができる優秀なコア人材」が20％、コア人材の指示をきちんとこなせる社員が60％、これら2つの層に依存している、あまり働けない人たちが20％と分類されます。

「私はとてもコア人材にはなれない」とあきらめムードの人もいるでしょうが、この「2－6－2の法則」のおもしろい点は、トップのコア人材がごっそり抜けると、その下の60％のなかからコア人材になる20％が出てくるということです。

人間だけではなく、働きアリにもまったく同じ法則がはたらくそうなので、何らかの「種の保存」に関係しているのかもしれません。

怖いのは、下の2割が抜けてもやはり入れ替わりが起こるということです。「使えない社員」をクビにしたら6割のなかから下の2割ができてしまったというのが、リーマンショック後のリストラでも証明されています。

つまり、今はコア人材に入らない人たちも、状況次第でコア人材になれる可能性を秘めているということです。そして、その逆もしかり、上の2割にいくか下の2割にいくかは、あなた次第といえるでしょう。「どうせ無理」と決めつけず、自分が持っている能力で何が伸ばせるのか、一度、考えてみませんか。

自分の「売り」は何かを考える

経営サイドも、社員全員にコア人材になってほしいとは思っていません。では、コア人材でない残りの7~8割は、ただボーッと言われたことだけをやっていればいいのでしょうか?

最近では「自分で考えられる」ということが非常に重視されています。従来のような「上から言われたことに下が従う」ピラミッド構造では行き詰まることが増え、グーグルなど欧米のＩＴ企業の働き方を参考に、チームワークを取り入れる会社が増えてきているのです。元々は日本が得意としていたチームワークが欧米企業の研究から再度、見直されているということです。

トップダウンで指示が降りてくるとき、下にいる人間は考えることは上におまかせで、言われたことをやっていればいいのですが、チームで動くとなれば、「指示待ち」ではうまくいきません。成果を上げるためには、メンバー1人ひとりのアイディアや行動が大きな意味を持つようになります。だから、「言われなくても自分で考える」ことが求められるのです。

また、チームのよさは多様な考え方や個性を持つメンバーによって引き出されます。バリバリ働く有能なコア人材でなくても、何かその人ならではの強みを発揮することで貢献できるということです。

あなたの周囲を見ても、「仕事はイマイチだけど、社内情報通でいろいろなことを知っている」「面倒な仕事も嫌がらず、正確に仕上げてくる」「コミュニケーション能力が高くて、上司ともうまく話ができる」など、「その人ならでは」の強みを持っている人がいるのではないでしょうか。

「強み」とは、スキルの高さばかりではありません。個性が様々なように、強みも様々。そんななかで、「場を和ませる」というのは、実は非常にポイントが高い強みです。場合によっては、「単に仕事ができる人」以上に、場を和ませる人が求められることもあります。

たとえば、私の知り合いのBさんのケースを紹介しましょう。Bさんは専業主婦から週4日のパートに出た女性で、「私は特に資格も持っていないし、何もできなくて……」というのが口癖でした。勤め先の業績が悪化し、リストラの噂が出たとき、「真っ先にクビを切られる」と覚悟したそうです。

ところがふたを開けてみたら、Bさんはクビになるどころか、「（パートの定年の）70歳まで働いてくださいね」と言われたといいます。

意外そうな表情のBさんに上司はニコニコしながら、次のような言葉をかけてくれました。

「Bさん、いつも笑顔で、誰にでも元気な声で話しかけてくれるでしょう？　だから、Bさんがいるだけで職場の雰囲気が和らぐんですよ」

悩みを抱えていた社員がBさんに励まされてやる気を取り戻したという報告もたくさん上がっていたという話を聞いて、私は「たしかに、そうだな」と納得せずにはいられませんでした。私自身、あたたかな人柄のBさんには「なんでも受け止めてくれそう」と、いろいろな話を打ち明けてきたからです。

生まれつきの人柄もあるのでしょうが、Bさんが多くの人に好かれるのは、それだけが理由ではないと私は思っています。

見ていると、Bさんは「ありがとう」という言葉をしょっちゅう口にしています。「あなたのおかげで、そんなこと初めて知った！　ありがとう」「～してくれて助かったわ。ありがとう」

ちょっとしたことでも「ありがとう」と言われると、相手も嬉しくなりますし、まわりの雰囲気もぱっと明るくなるものです。Bさんは「いいところ探しと感謝の達人」といえるかもしれません。

Bさんのような「場を和ませる人」は、いろいろなところから声がかかるので、人脈も自然と広がっていきます。ちなみに、Bさんは本人の自己評価とは別に、与えられた仕事はきちんとこなすという意味では「仕事ができる人」なのですが、いつも謙虚なところが、また好感度を上げているのだと思います。

Bさんを見ていると、強みは1つではないと実感します。「私なんか、何もできない」と言っている人ほど、実は代わりが効かない強みを持っているかもしれませんよ。

劣等感こそ、きちんと見つめ直す

実際のところ、「私の強みはこれ！」と自信たっぷりに言える人は少ないのではないでしょうか。

でも、「自分に自信がない」という人は、けっこう「周囲を見る力」が優れていることが多いのです。だからまわりと自分を比べてしまい、「私なんか……」と劣等感に陥ってしまったりします。また、親からあまり褒められずに育った人にも「私なんか」と思う傾向が強いように感じます。

案外、自分の長所というものは見えないものです。もし「自分の強みなんてわからない」というなら、自分のまわりにいる人たちに「私の長所ってなんだと思う?」と尋ねてみたらどうでしょう? 自分では気づけなかったことを教えてもらえるかもしれません。

仕事に関することであれば、上司や1つか2つ上の先輩に聞いてもいいと思います。

それでも「私なんか」という気持ちが抜けないのだとしたら、自分が何に劣等感を抱いているのか、見つめ直してみることをおすすめします。

ちなみに、私もたくさんの劣等感を抱えてきました。そのなかには克服できたものもあれば、今もがんばって克服しようとしているものもあります。

特に、長年引け目を感じていたのは、「NO」と言えない自分の弱さでした。「断ったら、嫌われるんじゃないか」ということが怖くて、昔は誰にでもいい顔をしていたのです。本当は「嫌だ」と言いたいのにハッキリ言えず、苦しくなることも多々ありました。

そんな自分を「変えよう！」と思うきっかけになったのは、誰にでもいい顔をしていたことで、「あの人は、あっちで言っていることと、こっちで言っていることが違う」と誤解され、同僚に無視されるいじめにあったことです。

謙虚に振る舞っていたつもりが、要するに、自分の考えをしっかり持っていなかったために勘違いを招いたのだ、と身にしみました。それからは、「YES」と返事をする前に、自分の考えていることをきちんと見つめるようにしたのです。

「なぜ自分はこの仕事をしているのか」

「なぜこのやり方がいいと思うのか」

「なぜこのお客様を私は大事にしたいのか」

そうやって1つずつ自分に問いかけていくことで、「NO」と言うべきときはそう言えるようになりました。

なぜ「NO」なのか、自分の考えがしっかりしていれば、相手は意外と受け入れてくれるものです。今、私が研修講師として、受講生にいいも悪いもはっきりと伝えることができるのは、このときの気づきがあったからだと思います。

あなたもパワハラの加害者になる？

企業の人事担当者に「どんな人を採用したいですか？」と聞くと、断トツに多いのが「コミュニケーション能力がある人」という答えです。実際、コミュニケーション能力はどんな立場の人であっても、非常に重要です。アメリカの経営学者カッツが唱えた「カッツ・モデル」という理論でも、対人関係能力、いわばコミュニケーション能力は、「経営層」「中間管理職」「一般社員」のどの層でも同等に求められるとされています。

けれども、「コミュニケーション不足が生むすれ違い」が後を絶たず、社員のコミュニケーション能力育成が課題となっている会社は少なくありません。なかでも問題となっているのがパワー・ハラスメントです。

いずれ部下を持つことになる正社員の人はよくよく注意してください。また、「私は部下なんて持つようなことにはならないから、パワハラなんて関係ない」と思う人も要注意です。誰でも「加害者」になり得るのがパワハラなのです。

たとえば、まったく畑違いの部署から異動してきた上司（あるいは同僚）に対し、経験豊富な部下（あるいは同僚）が必要な情報を上げない、上司の指示に従わないなどの嫌がらせをすることも、立派なパワハラです。同様に、先輩後輩の間でも十分に成り立ちます。

2020年6月から大企業を対象に（中小企業は2022年4月から）「パワハラ防止法（改正労働施策総合推進法）」が施行され、「パワハラ認定」されたら解雇につながるリスクは、今後、ますます大きくなっていくでしょう。また、パワー・ハラスメント防止の目的は心身の健康維持をするためですから、誰もが元気に働く職場を作る義務があるともいえます。

パワハラ防止法では、会社は職場でのパワハラを防ぐよう、「雇用管理上必要な措置を講じる」ことが義務付けられます。罰則がない一方で、パワハラ加害者への処分をどうするかは会社に委ねられているので、過剰な処分が下される危険も大きいといえます。パワハラ防止法によって、これまで声を上げられなかったパワハラ被害者たちが救われるようになったというポジティブな面だけではなく、本来ならパワハラをしていない人まで加害者とされる恐れもあります。

最近は、被害者の親が会社に乗り込んできて抗議するということも相次いでいます。会社は早く手を打たなければと焦ってしまい、加害者（とされる人）の話もろくに聞かずに厳しい処分を下してしまうことも増えていますから、十分な注意が必要です。

無意識のパワハラを防ぐには

「パワハラ？　私は大丈夫」と思っているのは本人だけだったりするものです。

私は管理職研修で、実際のパワハラ事例を使いながら受講生にシミュレーションしてもらうワークも行っていますが、「パワハラなんて、自分には関係ない」と思っていた受講生たちも、「こういうことがパワハラになるのか」と、非常にリアルに実感できるようです。

たとえば、次のケースではどうすればパワハラを防げるのか、ちょっと一緒に考えてみましょう。あなたが上司なら、どうするでしょうか？

ある会社に、Cさんという社員がいました。仕事はていねいなのですが、時間がかかるので、仕事が早い先輩のDさんはいつもイライラしています。Cさんが出社するとDさんが「仕事の遅い人が来た」などと皆に聞こえるような大声で話します。またCさんが休憩時間に休憩を取っているとDさんが「やることが遅いんだし、手順が悪いんだから、休んでないで仕事したほうがいいんじゃない？」と嫌味を言います。

こうした様子を上司として見聞きしたときの行動を研修でシミュレーションさせると、受講生からは「そんな言い方はパワハラになるからやめなさい」と注意する、または「そんなことを言われたらどんな気持ちになる？　ちゃんと相手を思いやって話さないと」とたしなめる、という答えが出てきます。

でも、注意されたDさんには、自分がパワハラをしていたという自覚がありません。「悪いのは仕事が遅いCさんなのに、注意するのが、どうしていけないの？」と不満に思います。自分は悪くないつもりでいるので、「Cさんのせいで自分が叱られた。迷惑しているのは自分のほうなのに」と逆恨みし、もっとCさんに辛くあたるようになるかもしれません。それでは、問題は解決しませんよね。

そもそも、DさんがCさんにパワハラをしてしまうのはなぜなのでしょうか？

根本的な原因を探っていくと、先輩であるDさんが、Cさんがテキパキ仕事ができるように指導できていないからということに行き当たります。

では、どうすればCさんの仕事をスピードアップし、Dさんがイライラしないようにできるのか、それをDさんと一緒に考えてあげるのが「上司」として取るべき行動といえるでしょう。

女性が口にしがちなパワハラフレーズ

強調しておきたいのは、女性こそパワハラに気をつけてほしいということです。

パワハラ加害者というと、偉そうな男性が「おい、お前！」とドスをきかせるものだというイメージがありますよね。でも、怒鳴ったり、罵倒したりするだけがパワハラではありません。最近は、むしろ「女性の先輩からパワハラされた」と訴えるケースが急増しているのです。

特に要注意なのが、仕事ができる女性です。

仕事ができる人は、自分は簡単にこなせることなのに「なぜできないのか理解できない」となりがちです。そこでつい「なんでできないの？」と言ってしまうのですが、これは禁句。「できない」ものは「できない」、「わからない」ものは「わからない」のですから、そこを責め立てても相手は傷つくだけです。部下はもちろん、夫や子どもに対しても使ってはいけません。「なんで同じミスばかりするの？」「この前も言ったよね」も、同じくNGフレーズです。

ある会社で、非常に有能な女性上司が「パワハラ認定」されました。彼女は育休明けでも同期トップで管理職に昇進するほど「デキる女性」だったのですが、その分、部下のやることなすことがもどかしくてたまらなかったようです。

特に、要領がよくない、ちょっと気が弱い部下に対して「なんで、そんなこともできないの！」「この前も同じこと注意したじゃない！」と頭ごなしに怒鳴りつけるのが日常茶飯事で、その声はフロア中に響き渡るほどだったとか。まるで人格を否定されているかのような叱られ方をされているうち、その部下は日に日に鬱っぽくなってしまい、とうとう出社できなくなってしまったといいます。

結果的に、この問題は部下の異動で解決されました。でも、当の女性上司は「ハッキリ指導してあげた」くらいにしか思っておらず、「厄介者がいなくなって、すっきりした」などと周囲に言っているそうです。そんな調子ですから、この一件で人事評価にマイナスがついてしまったことにも気づいていないのでしょう。

彼女のように、能力はあっても軋轢を生みやすいタイプは、パワハラ認定されるリスクが非常に高いといえます。では、彼女はどうすればよかったのでしょうか？

印象を変える言葉の使い方

「なんで、できないの？」と口にしてしまうのは、自分目線でしか物事が見られないと言っているようなものだと思います。自分がそれでうまくやってきたから「こうでなければダメ」と決めつけて、「あるべき論」を一方的に振りかざしてしまうのは危険です。

要するに、「人はそれぞれで、自分にできることができない人もいる」ということがわかっていないのです。それでは、周囲と上手なコミュニケーションを取ることは難しいですよね。

責めているわけではなく、「どうして、できないのか知りたい」という気持ちから「なんで、できないの？」と口にしてしまうこともあるかもしれませんが、言われた側としては責められているようにしか聞こえません。そもそも、なぜわからないのかは相手によって違います。

つい「なんで、できないの？」と言ってしまう人は、問題は相手にではなく「わかるように言わなかった自分」にあると考えてみてください。そうすれば、言い方も自然と変わってくるはずです。

「なんで、できないの？」→「わからないところがあったら言ってくれる？」
「この前も言ったのに！」→「前にも説明したけどわかりにくかったかもね」
「何度も同じことを言わせないで」→「もう1回説明してもいいかな？」

こんなふうに、言い方1つで随分違ってきます。相手も「ここがわからないです」と言いやすくなりますよね。

また、要所要所で、こちらの指示がちゃんと伝わっているかを確認することも大切です。「これぐらい、わかるだろう」と思わず、具体的な言葉を使い、ポイントが伝わるように、簡潔に説明しましょう。いちいち面倒なようですが、「なんで、できないの？」と不満をぶつけるより、結果的に、そのほうが仕事はスムーズにいくのです。

コミュニケーション能力を上げる3つのコツ

研修の1つとして「コミュニケーション能力の育成」を依頼されることも多いのですが、気になっているのは、「コミュニケーションそのものが苦手」という人が増えていることです。

これは男性も女性も同じで、何かというと「自分はコミュニケーションが下手なので」と話を終わらせようとします。特に、「空気を読む」ことをいつも求められて育ってきた世代は、「不用意に何か言うと叩かれるかも」と自分を抑える癖がついてしまっているのかもしれません。その一方で、ふとしたことでキレてしまい、感情を爆発させ、周囲を困惑させるのも、コミュニケーションが苦手な人たちの特徴です。

彼らを見ていると、「言葉表現の力」が弱くなっていると感じます。スマホのアプリでやりとりばかりしていると、短文や略語、仲間内だけで通じるフレーズ、絵文字で済んでしまうので、言葉を使う機会は減る一方です。

最近では、朝出社したら「元気」「まあまあ」「体調が悪い」など、その日の体調を申告するアプリを導入している会社もあるそうですが、そんなことまでアプリに頼らないといけないのか、とびっくりします。

また、いつもスマホの画面を見ていると、つい習慣で姿勢が悪くなってしまうのも問題です。うつむくことが癖になって、声も小さくなり、人の顔を見て話ができなくなってしまう人が非常に増えていると感じます。

この本を読んでいるあなたはどうでしょうか？　もし、誰かと話すときにその人の顔を見て話すことができていないのだとしたら、まず「人の顔を見る練習」が上手なコミュニケーションの第一歩になります。

「人の顔を見るなんて、練習する必要があるの？」と思うかもしれませんが、普段やっていないと、いざ必要というときにできないものです。「コミュニケーションが苦手」と自覚しているならなおさら、練習していきましょう。

ポイントは3点あります。

まず、人と話すときにはアイコンタクトをきちんと取りましょう。アイコンタクトといっても、必ずしも目と目を合わせなくてはならないわけではありません。目線は相手の眉から首の下あたりの範囲にあれば、「こちらをちゃんと見て話している」と認識されます。相手の耳の外側に目線がいくと、「目をそらされた」という印象を与えるので、気をつけてください。同じところばかりではなく、この範囲内で視線を動かしていくと、相手とアイコンタクトを取った状態のまま、コミュニケーションを取ることができます。

2つ目は、相手の話をよく聴く姿勢を示すことです。たとえば、相手が話しているときには内容に合わせて表情豊かに聴きましょう。自分が話しているときも、相手が返事をすることができる間を取ることで、「あなたの話を聞きたいです」という気持ちを伝えられます。

3つ目は、会話は双方向のやりとりだということ。会話を「キャッチボール」にするためには、相手の話に反応して質問したり、感想を言ったりすることが欠かせません。

私が行う研修では、2人1組でアイコンタクトの練習をすることから始め、徐々に人数を増やしてレベルアップしていきます。日常生活のなかでも、自分なりにこの3つを意識してみてくださいね。

マニュアル頼みでは限界がある

研修でコミュニケーションの練習をすると、「マニュアルはないんですか?」という人がたくさんいます。

マニュアルはたしかに便利です。でも、頼りすぎると考えることをしなくなり、現実とズレていく危険が大きいということを知ってほしいと思います。

たとえば、先ほど紹介したアプリで体調を申告する会社では、実際は元気なのに「体調が悪い」というボタンをいつも押してくる社員に対して、周囲はどう接すればいいのでしょうか？

マニュアルでは、「体調が悪い社員には、楽な仕事をまわす」「早く帰宅させる」「休憩を長めに取らせる」などと決められているかもしれません。でも、本人が元気そうにしているとしたら、「あんなに元気そうなのに」「本当はさぼりたいだけなんじゃないか」「いや、でもがんばって元気そうにしているだけかもしれない……」と、なんだかモヤモヤしてしまいますよね。実際に目の前にいる相手をちゃんと見てコミュニケーションを取れば、そんなモヤモヤを感じなくても済むと思いませんか？

特に最近は、何かあるとすぐ「ハラスメント」とされがちなので、「マニュアル通りにしていれば安全」と、コミュニケーションをさぼりがちです。

その弊害がはっきり現れるのが「雑談」だと思います。以前であれば、ちょっとした空き時間に先輩や同僚と話をして自然に雑談力が身についたものですが、今は皆、暇さえあればスマホを眺めています。「話す」ことそのものに億劫になっているのかもしれません。

私が若い社員を対象に研修を行うときは、雑談の練習は必須です。「雑談の練習？」と思うかもしれませんが、ビジネスでは、仕事の話だけできればいいわけではありません。

何気ない雑談で雰囲気がよくなり、商談がうまくいくことも多く、信頼関係が築けて、困ったときに相談しやすくなったりします。それなのに、大企業の管理職候補になるほど優秀な人でも、まったく雑談ができないということも少なくありません。

「雑談なんて、どうでもいい。仕事の話がちゃんとできることが大事」というのは違います。

これは実際にあった話なのですが、私の知り合いが取引先に行ったとき、1階のエレベーターの前で出くわした担当者が「ああ、どうも」とモゴモゴ挨拶をしたきり、エレベーターの中でも黙ったまま。打ち合わせ場所のフロアに到着して部屋に入って席に着いた途端、仕事の話をいきなり始めたそうです。これでは、「変な人だなあ」と思われてもしかたありません。

また、これも本当にあったことですが、ある会社に取引先の若い銀行員が「融資のご入用はありませんか?」と突然営業に来たそうです。「そんな突然来られても……。今は必要ないです」と断ったところ、「そうですか。ありがとうございました」とすぐ帰ってしまったといいます。そんな「変な人」に融資の相談なんてしたくないですよね。

雑談力を鍛えよう

雑談が苦手な人に多いのは、会話が続かないパターンです。相手が言ったことに「興味を持って質問する」「感想を付け加える」ということができないのです。何か質問しても「……はい」で終わってしまうので、そこで話が途切れてしまいます。

たとえば、上司と若い部下が外回りをしていて、「このあたりは山口百恵が住んでいるところだね」と言ったとします。部下が「そうですか」と相槌をうったきり黙ってしまったら、なんだか気まずい雰囲気になってしまうのが想像できますか？

若い人が百恵さんを知らなくても不思議ではありません。でも、知らないなら知らないなりに「その人、知らないんですけど、有名なんですか？」と一言聞けば、「すごく人気のあるアイドルだったんだ」など話が続くでしょう。それができないのは、相手の話に興味がないからです。

雑談力を鍛えるには、目の前の相手に興味を持つことが欠かせません。

「取引先の人、随分日焼けしたなあ。ゴルフかな？　それとも海に行ったのかな？」「向かいにいる人が目をこすってる。眠いのかな？　花粉症かな？」

相手の様子を見て、自分ならどんな言葉をかけるか、いろいろ考えてみましょう。

もう1つ、雑談力を鍛えるときに役に立つのは、日々の観察を通して社会一般の物事に知見を深めることです。相手が話したいことを察知して話題を広げることができれば、会話のキャッチボールを途切れさせることなく続けられるようになります。

話のネタに困ったら、「キドニタチカケシ衣食住」が切り口のヒントになります。「キ」は季節・気候、「ド」は道楽・趣味、「ニ」はニュース、「タ」は旅、「チ」は知人・友人、「カ」は家族・家庭、「ケ」は健康、「シ」は仕事・出身地です。「衣」はファッション、「食」はグルメ、「住」はすまいのことで、たとえば、「素敵なバッグですね」（衣）、「タピオカの店、随分増えましたよね」（食）、「会社までの通勤時間はどれくらいかかりますか」（住）など、ちょっとした話のきっかけになります。

「交流分析」で自分と相手を知る

コミュニケーション上手になるには、とにかく実践あるのみです。職場だけでなく社外にも人間関係を広げ、様々な人とやりとりすることがコミュニケーション能力を磨く近道になります。

マニュアルのように誰にでも同じ対応をするのではなく、目の前にいる人に合わせて言葉を交わしていくには、相手がどんな人かを知ることが必要です。

私の研修では、受講者に50項目の質問に答えるチェックシートに記入してもらい、そこから自分や相手が次のどのタイプにあてはまるか、タイプ別にどのようなコミュニケーションが有効かということを学びます。

これは「交流分析」と呼ばれるもので、企業研修などで幅広く使われています。実際、交流分析を取り入れたことで、上司に対しても率直に意見を言えるようになる、相手のタイプに合わせた言い方をすることで業務が円滑にまわるといった効果も報告されています。

タイプは5つに分かれていますが、人気アニメのキャラクターはだいたいこの5タイプに分類されます。ここでは、サザエさんとドラえもんのキャラクターを例に当てはめてみましょう。有名人をサンプルに「あの人はどのタイプかな?」と考えてみてもいいですね。

①CP（Critical Parent）タイプ

厳しさ。よくいえば責任感がある。悪くいえば頑固、人の話を聞かない。

責任感と厳しさのある波平さん。ガキ大将のジャイアン。

②NP（Nurturig Parent）タイプ

優しさ。思いやり。強すぎると過保護になる。

保護的なお母さんのフネさん。誰にでも優しいしずかちゃん。

③A（Adult）タイプ

客観性。理性の人。観察力と合理性。

観察力のあるワカメちゃん。自分に得になるように振る舞うスネ夫。

④FC（Free Child）タイプ

素直。明るく無邪気。主役は大抵このタイプ。

天真爛漫なサザエさん、カツオくん。物事を深く考えないドラえもん。

⑤AC（Adapted Child）タイプ

協調性。悪く出ると空気を読みすぎる。

協調性に秀でたマスオさん。ウジウジしているときののび太。

どのタイプも一長一短があり、どれがいいとか悪いとかということではありません。交流分析の結果はかなり正確に出るので、相手のタイプがわかっていれば、なぜそういう行動をするかも理解しやすくなり、いちいち感情に振りまわされずにすみます。

それ以前に、自分のこと、どうしてそういう考え方をするのか、行動するのか、など自分自身を客観的に理解するきっかけにもなるのです。

「コミュニケーションが苦手」という人は、「苦手だからできない」ではなく、こうしたスキルや考え方を活用しましょう。コミュニケーションがスムーズになっていくはずです。

人のいいところを見つける癖をつける

「私には強みなんてない」という人が多いことの裏返しでしょうか、他人のダメなところはついつい目についてしまうものです。反面教師として学べることもありますが、もっと「こういうところがいいな」というほうに目を向けていくことが、コミュニケーション上手につながります。

私も研修で、「いいところを見つける」ワークを繰り返し行うようにしています。このワークでは、たとえば「自分に影響を与えた先輩や上司」のいいところを書き出していきます。

「忙しいときも必ず話を聞いてくれた」

「『失敗してもいいからやってみて』と言ってくれた」

「毎日一番に出社して余裕を持って仕事をしていた」

気づいたことを書いてみると、「ああ、自分は先輩や上司のこういうところを尊敬していたんだな」「自分もこういうふうになれたらいいな」ということがはっきりします。たくさんいいところを書き出せるというのは、それだけ感性が豊かな証拠ですし、そういう人は、目標に向けて成長しやすいといえます。

このワークでは、書き出した内容について他の受講者とディスカッションも行いますが、人の感想を聞くだけでも「なるほど、そんな行動はいいな」と、自分が気づかなかったことにも目を向けることができます。同じ社内や部署での研修の場合、「あの先輩について、そんなふうに思っていたんだ」「たしかに、あの上司はそういうところがいいところだな」という気づきも得られるでしょう。ペアを組んで、相手のいいところを探して褒める練習も効果があります。

いいところを見つけるのが上手だったのが、この章で紹介したBさんでしょう。コミュニケーションが苦手という人が大勢いるなか、Bさんのように誰とでもうまくやれて「職場に必要」と言われることも、立派なスキルになります。なんなら、コミュニケーション能力のない人は正社員でもクビ候補になる時代といえるでしょう。

そんなことにならないためにも、まずはコミュニケーション能力を磨き、「いつまでもいてください」と言われる人材になることを目指してみませんか。

第5章

福利厚生の手厚い会社はいい会社？

手厚い福利厚生の裏にあるもの

最近、福利厚生に力を入れる企業が増えています。

「うちの会社は、保育園料を補助してくれる」
「学資保険を一部出してくれる」
「有給とは別に家族の誕生日に休みが取れる」
「会社がスポーツジムの会員なので、いつでも無料で利用できる」
「社食のメニューが安くておいしい」

近年では、「そんなことまで会社がやってくれるの⁉」と思うような手厚い福利厚生の話を聞くことも珍しくはありません。

福利厚生が充実した会社では住宅手当や通勤手当、保育園料の補助などを給与に換算していくと、月10万円ぐらいの上乗せになったりします。福利厚生は就活でも会社選びの重要なポイントになっているそうですが、そこまで考えて就活するのが今どきの「賢い」学生たちなのでしょう。

でも、福利厚生が手厚いのは、「会社が社員に優しい」からでしょうか？

世の中には「社員は家族」と言っている会社もありますし、「社員のためを思ってやっている」という部分もゼロではないと思います。

ただし、「優しい」だけでは事業は成り立ちません。結局のところ、福利厚生も経営にとってメリットが大きいかどうか、しっかり計算したうえで判断されているはずです。

そのいい例は、独身寮の復活でしょう。バブル崩壊後、経費節減のために独身寮を廃止する流れがあったのですが、ここにきて、様々な業界で独身寮を復活させる動きが出てきています。

寮に入れれば家賃は1万〜2万円程度と格安で済みますし、一般の賃貸物件と違って敷金・礼金も不要です。特に給料が安い若手社員にとってはありがたい話でしょう。

けれども、企業は社員を助けようということだけでわざわざ寮をつくっているわけではありません。目的はもっと別のところにあります。

企業にとって独身寮の復活の最大のメリットは、若い社員のコミュニケーション能力向上です。独身寮を廃止した企業では、若手のサポートにメンター制度を導入したところもあったのですが、「メンターとしか口をきかない」「不満げな様子もなかったのに突然辞めてしまった」など、若手社員のコミュニケーション力が極端に落ちてしまうという現象が起きました。

そんななか、ある商社が社員の団結力を強めようと独身寮を復活させたところ、当初の目的を果たせただけではなく、寮に入った若手社員たちのコミュニケーション能力が明らかに向上したといいます。

たしかに、寮に入れば様々な先輩や同僚と「同じ釜の飯」を食べるわけですから、自然と人間関係にもまれ、多くの人とうまくやっていく術を身につけることができます。

一方、会社は寮のネットワークを通して、若手社員が何を考えているのかを把握しやすくなります。さらに、寮で培われた人間関係が強ければ強いほど、安易な退社も減るという効果も表れました。実際、宿直業務などで社員寮が欠かせない鉄道会社では、中途退社が少なく、社員同士が共通の目的を持って仕事をしている印象があります。

独身寮が見直されている背景には、こうしたメリットが実証されてきたことが関係しています。要するに、独身寮は若手社員の育成に見合う「投資」と考えられているのです。

根本にあるのは「社員への投資」

独身寮が若手社員への投資だとすると、会社がスポーツジムの会員になっているのも、社員が健康を維持し、病気で仕事を休まないようにするための投資です。社員が病気になって病院に行かなければ、健康保険も使わずに済みます。

安くておいしい社食も、もちろん「サービス」ではありません。

社員がちゃんとした食事を摂らずに糖尿病などの生活習慣病になると、本人だけではなく、その社員の労働力が奪われる会社も困るわけです。そこで、社員にヘルシーな社食を食べてもらい、健康管理をしようということになります。

また、社食があれば昼休憩が短くてすみ、それだけたくさん働いてもらえるということまで企業は計算しているのかもしれません。働き方改革で残業規制がされるようになってからは、社員も「定時に仕事を終わらせよう」という意識が強くなっていますから、社食があれば、「早く食べて、仕事に戻ろう」となります。特に男性は食べ終わるのが早いので、昼休憩もそこそこに仕事に戻っていく人もいるようです。

高層ビルにオフィスがある会社では、エレベーターで下に降りるだけでも時間をとられてしまいますし、外にランチを食べに行ったら、1時間の昼休憩では戻ってこられないということも少なくありません。そのようなタイムロスを失くすには、ささっと社食でランチを食べてもらうのが一番というわけです。

たとえ、1人10分長く働くだけでも、それが毎日のこととなれば、かなりのものになります。社食で朝食も出す会社も増えてきていますが、これも朝食を文字通り「エサ」にし、早く出社してどんどん仕事をしてもらおうという意図があります。

育児手当や住宅手当についても同じことがいえ、「我が社ではこれだけ育児支援をしていますよ」「社員の生活の面倒を見ていますよ」とアピールして、優秀な人材を惹きつけ、社員の定着率を上げようということです。

企業は利益を出すことを目指す組織ですから、「すべては金勘定」というのは、当たり前といえば当たり前の話です。逆に、情を優先させて利益を疎かにしたのでは、経営者失格となってしまうでしょう。

ちなみに、講習のような社員教育の機会も「福利厚生の一環」と捉えられていますが、本来は「投資」とみなされるべきものだと思います。

OECDのデータによると、研修など教育訓練実施率（2017年）で日本は相対的に高水準にあります。ただし、女性となると話は別で、正社員でも36％強（男性正社員は50％強）、非正規の女性はわずか19％しかありません。女性は非正規で働くケースが多く、

図表5-1 ● 仕事に関連した非公式教育訓練[1]の受講率

（%）

	（調査年）	受講率		
		計	男	女
アメリカ	（2005）	33.3	30.4	36.0
カナダ	（2008）	30.6	31.2	30.1
イギリス	（2006）	30.6	31.4	29.9
ドイツ	（2007）	38.0	42.4	33.4
フランス	（2006）	29.0	—	—
イタリア	（2006）	14.3	15.9	12.8
オランダ	（2008）	35.7	40.7	30.7
ベルギー	（2008）	28.5	30.8	26.3
デンマーク	（2008）	35.0	35.5	34.4
スウェーデン	（2005）	61.0	62.1	60.0
フィンランド	（2006）	43.8	39.3	48.4
韓国	（2007）	10.5	14.6	6.5
オーストラリア	（2007）	22.5	25.1	19.9
ニュージーランド[2]	（2006）	25.9	27.0	25.2

（参考）

日本[3] JPN	（正社員/regular employees）	（2015）	46.3	50.9	36.9
	（正社員以外[4] /non-regular）		21.8	29.6	19.0

出所：日本――厚生労働省（2017.3）「平成28年度能力開発基本調査報告書」
　　　その他――OECD（2011.9）*Education at a Glance 2011*

（注）1）OFF-JTとOJTの数値（学校教育機関での教育等を除く）。日本を除く。
OECDの定義によると、「仕事に関連した非公式教育訓練」とは、現在あるいは将来の仕事、所得の拡大、キャリア機会の向上、昇進機会の向上等のための知識及び（あるいは）新たな技能の修得、所得の向上、キャリア機会の拡大、及び昇進機会の向上などを目的とするもので、正規の教育ではなくかつ、それに対応した公認の学位取得に結びつかない教育訓練を指す。非公式の教育訓練は、必ずしも教育訓練施設で行われるものに限らない。具体的には、仕事に関連した教育訓練コース、会議、セミナー、公的労働市場プログラムへの参加、遠隔地教育、OJT等。

2）短時間のセミナー、講義、ワークショップ及び特別講演を除く。

3）日本の数値は、2015年度におけるOFF-JT受講率。常用労働者30人以上の民営事業所のうち、一定の方法で抽出した個人を対象。OFF-JTとは、業務命令に基づき、通常の仕事を一時的に離れて行う教育訓練（研修）のことをいい、例えば、社内で実施（労働者を1か所に集合させて実施する集合訓練など）や、社外で実施（業界団体や民間の教育訓練機関など社外の機関が実施する教育訓練に労働者を派遣することなど）する教育訓練がこれに含まれる。

4）常用労働者のうち、「嘱託」、「契約社員」、「パートタイム労働者」又はそれに近い名称で呼ばれている人などをいう。なお、派遣労働者及び請負労働者は含まない。

格差がますます広がっていってしまうということになります。

講習を経営に必要な投資と捉え直せば、もっと女性の能力を伸ばす機会が必要ということは明らかでしょう。

不況になったら、真っ先に削られる

そういう企業側の裏事情があったとしても、福利厚生が手厚いということは、基本的には歓迎すべきことではあります。ただし、就活生や転職をする人は、「手厚い福利厚生にだまされない」こと。福利厚生は、あくまで会社選びの1つの目安に過ぎません。

たとえ今の段階では福利厚生が充実していたとしても、それが永遠に続くとは限りません。いってみれば、福利厚生は余剰金をプールしておく調整弁のようなものです。日本企業は利益が出ても内部留保にまわしてしまうことが多いので、本来なら給与に反映されるべき分が福利厚生として還元されているということは知っておくべきでしょう。

また、業績が悪化したときに給与を急激に下げることは難しいため、真っ先にカットされるのは福利厚生ということになります。企業に余裕があるときは「あれもこれも」とやってくれますが、「この会社はこんなに福利厚生が充実しているから」と入社したら、手のひらを返すようにどんどん削られて、「こんなはずじゃなかった」と後悔することにもなりかねません。特にこれからは「福利厚生は削られて当然」と覚悟しておくべきかもしれません。

先ほど、「福利厚生が手厚い企業では10万円ぐらい上乗せになる」と述べましたが、その上乗せ分がなくなったときの給料がいくらになるかのほうがよほど重要です。そう考えると、福利厚生がよくても給料が安いのは、やはりリスキーです。

しかも、日本人の給与は国際的に見ても決して高いほうではありません。OECDの平均賃金国際比較（2018年）によると、加盟国35カ国中で日本の順位は19位です。さらに、1997年と比較すると、主要国の平均賃金が軒並みプラスに転じているなかで、日本だけが約8%のマイナスとなっており、パキスタン、インド、ミャンマー、バングラディシュ、インドネシア、ベトナム、カンボジアなどアジア各国の最低賃金上昇率が目覚ましい勢いで伸びているのと対照的です。

労働者の定義、調査対象、賃金水準の算出方法などは国によって異なるので比較の際は注意を要するものの、OECDのデータによると、現時点では、日本の最低賃金はアジアのなかでは最も高額です。しかし、特にIT人材の給与水準はアジア全体で上がっており、日本企業は優れた人材を確保することに苦戦しています。

政府は企業に賃金引き上げを繰り返し求めていますが、それに応じる動きは鈍く、この

図表5-2 ● OECD諸国の平均年収（2018年）

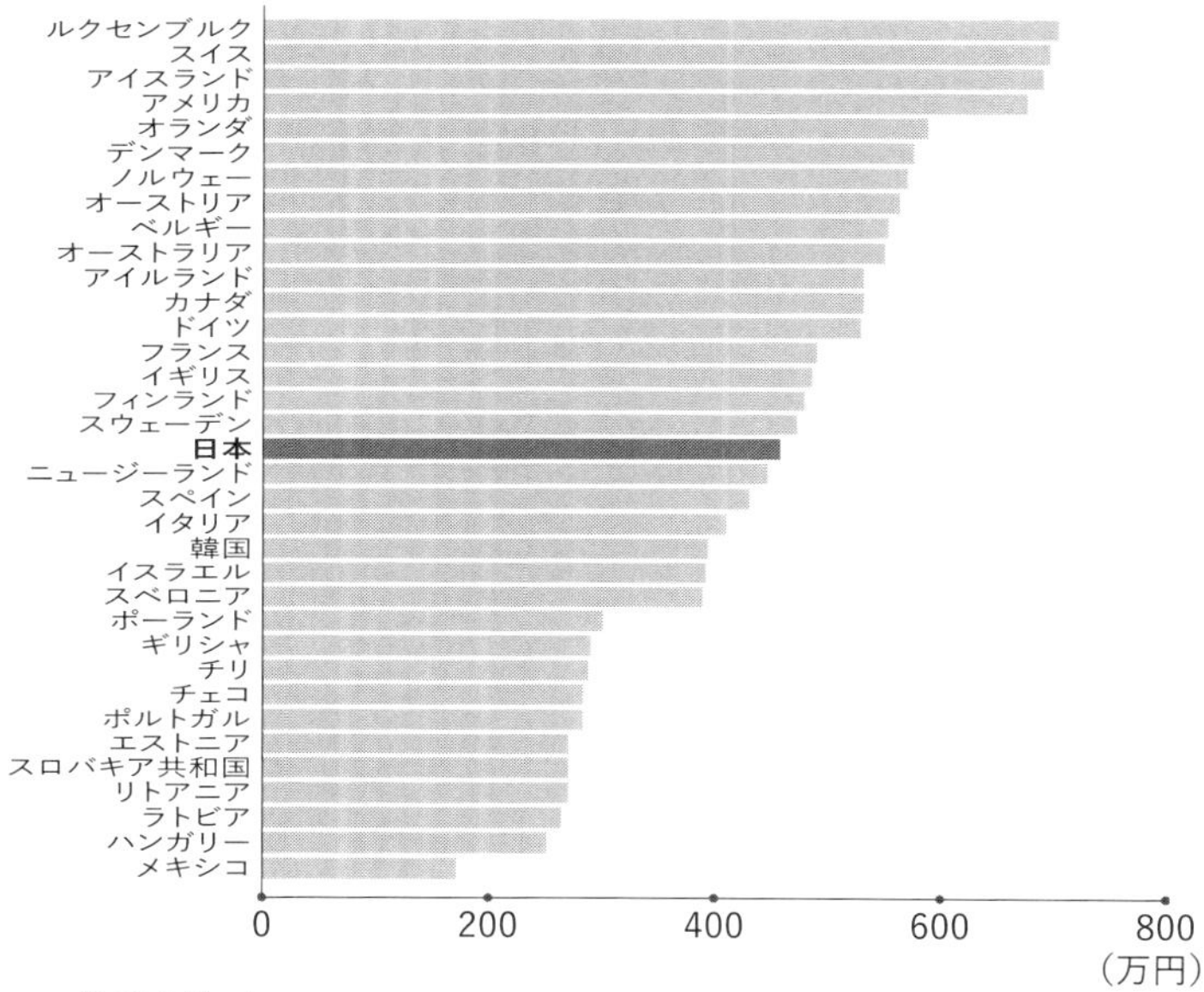

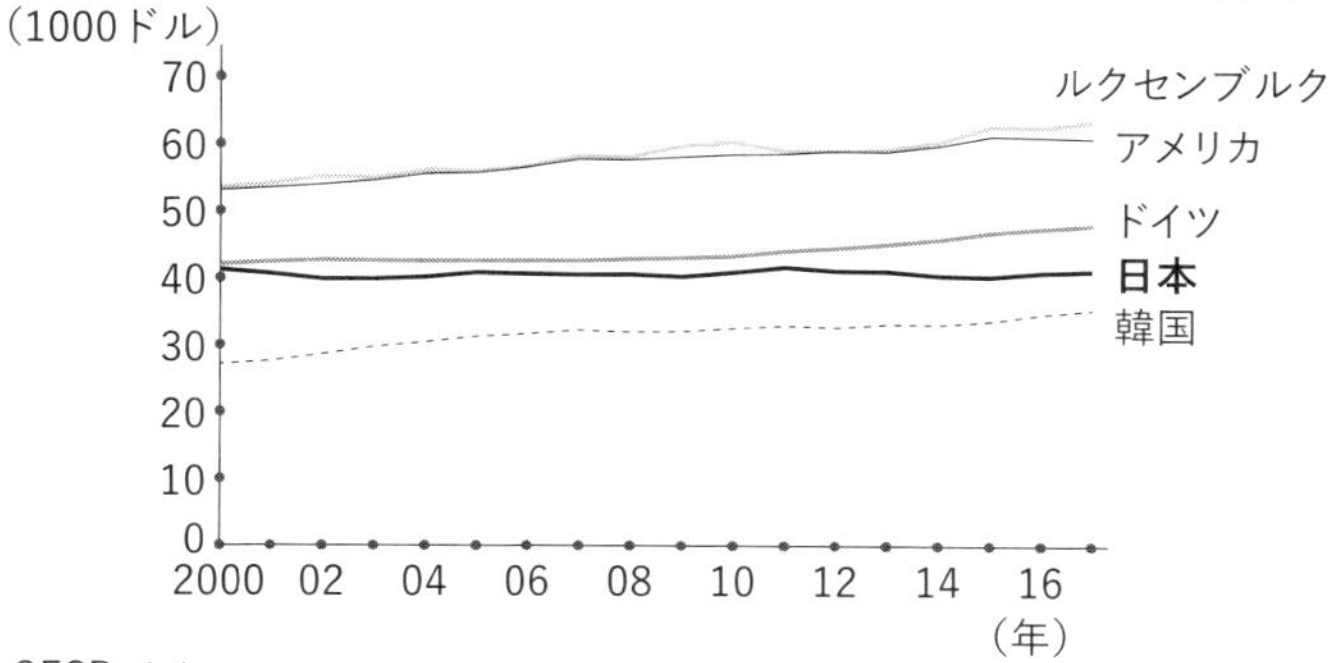

資料：OECD.stat
注：購買力平価（PPP）ベース

ままでは日本人はどんどん貧しくなってしまうでしょう。

私の娘（30代前半）がロシアに旅行したとき、「日本人は貧しい」ということを実感させられる出来事があったそうです。

夜、現地のパブに入ったら、地元のロシアやイギリスなど様々な国から来ている同世代の人たちと意気投合し、「月収が一番高い人が、皆の飲み代を出そう」と話が盛り上がりました。必死で計算し、それぞれ月収をカミングアウトしたところ、一番高かったのは中国で英語教師をしているロシア人で手取り約60万円、娘は最下位で「日本人はそんなに給料が安いのか」と同情されたそうです。

現在の最低賃金は東京など首都圏では時給1000円強、地方では700円台という地域もたくさんあります。保育園に子どもを預けて働くには最低1500円は必要といわれていますが、日本の企業の大半を占め、地方に多い中小企業にそれだけの給与を払う体力は期待できないのが現実です。

会社の不満ばかり言う人

それにもかかわらず、「福利厚生は与えてもらって当たり前」と、お客様気分でいる人たちも少なくありません。

「社食あるけど、まずいんだよね」

「契約しているスポーツジムが遠くて不便」

「保育園料補助が安すぎる」

話を聞いてみると、実際には他社と比べて恵まれた福利厚生を提供されていることも多いのですが、言っている本人たちはそのことに気がついていないのか、「まだ足りない」「もっといろいろやってほしい」と不満を並べ立てます。

ちなみに、企業研修も福利厚生の1つです。自費で受ければかかる費用を会社が負担して、勉強の機会を与えてくれているのに、なぜかそのことに対する感謝の声はあまり聞こえてきません。

私が行う講習では、ほとんどの受講者が最初はやる気がなくてもすぐに夢中になってくれるのですが、なかには「忙しいのに、こんな研修を受けさせられて……」という態度が垣間見える人もいます。これでは研修を受けても身につかないので、「やる気がないなら早く帰って現場の役に立ちなさい。ここに座っている意味はありません」と突き放すと、ようやく反省するといった具合です。

あれこれ不満を言っている人たちに「だったら、どうしたらいいと思いますか?」「そのために何か行動しましたか?」と聞くと、皆、黙ってしまいます。不満に思っていることを改善してほしいと会社に伝えることすらしていないのです。

「言ったって、どうせ変わらないし」と投げやりな人もいますが、黙っていては、不満を感じているということも会社にはわかりません。それでは、永遠に状況は変わらず、同じことで文句を言い続けるしかないということになります。

こういう人たちに共通しているのは「会社は〜してくれない」というマインドです。本来、会社と社員の関係はギブ&テイクのはずで、社員は会社から給料という生活資金や福利厚生を「テイク」しているわけですから、少なくともその分は仕事で会社に「ギブ」しなければなりません。それなのに、会社から与えてもらうことばかりを主張するのは道理に合いません。

厳しいことを言うようですが、夫婦や友人との付き合いと同じで、会社との関係も「お互い様」、与えてもらってばかりでは成り立ちません。与えてもらうことを要求するのは、自分は会社にどれだけギブできるのかということを前提としての話ではないでしょうか。そこを棚に上げて、会社の不満ばかり言う人たちが多いのはとても残念に思います。

伝えるべきは「不満」ではない

私自身も、若い頃は会社に対して不満がいっぱいで、周囲と一緒になって「なんでこんなことまでやらなきゃいけないのよ。会社のシステムがなってないのよ」「あの上司、本当に嫌」「あの後輩にはもう我慢ならない」などと会社の悪口ばかり言っていた時期がありました。でも、あるとき、「文句ばかり言っているのはよくないな」と反省したのです。

反面教師になったのは、ある後輩の態度でした。

一緒に出張し、通常の業務が終わった後、翌日の業務に必要なことについて説明していたのですが、「疲れているのにこんな時間まで勉強させられて、嫌になっちゃう」と、彼女は不平たらたら。私も同じように疲れていることや、それでも彼女のために時間を割いていることには気づきもしないようでした。

内心ムッとしつつ、「ああ、自分もこんなふうに自分のことばかり考えて文句を言っていたかもしれない」とハッとしました。それ以来、「不満があるなら、その状況を変えるために改善したいことを要望しよう。それができないなら、文句を言うのをやめよう。文句を言うのは会社を辞めるときだ」と思うようになったのです。大げさに聞こえるかもしれませんが、一種の覚悟のようなものが持てたのだと思います。

「文句」は誰にでも言えますが、「要望」は公式なものですから、伝え方に工夫が必要です。気をつけたいのは、不満を感情的に言い立てないこと。たとえ正しいポイントを突いていたとしても、「個人的なことでギャーギャー騒いでいるだけ」と受け取られてしまったら、会社は動いてくれません。

会社に改善してほしい点を伝えるときは、まずは自分の思っていることを紙などに書いて、整理してみることをおすすめします。「自分が不満に思っていることは何か」「そのなかでできることは何か」「どう言えば、変えられるか」などと筋道を立てて考えていきます。このとき、ものをいうのが「客観的な視点」です。

おもしろいことに、自分の会社を客観的に見られる人はあまりいません。対人関係と同じで、どうしても会社の悪い点ばかりが目についてしまいます。

たとえば、私が行う研修では経営戦略を考える練習にSWOT分析（スウォット分析）という手法を使います。これはS（Strength：強み）、W（Weakness：弱み）、O（Opportunity：機会）、T（Threat：脅威）の頭文字を取ったものですが、最初から自社を対象とすると、Sの強みがほとんど挙がらず、Wの弱みばかりがどんどん出てくるのです。

どんな会社でも弱みばかりということはないはずですが、「うちの会社のここがダメ」「あそこもなってない」と、ちょっとした「悪口大会」のようになってしまいます。

一方、他社についてSWOT分析をしてもらうと、強みも弱みもバランスよく挙がってくるのですから、他社のことは客観的に見られているというわけです。

そこで研修では、他社のＳＷＯＴ分析をするというステップを踏んでから、自社の分析をしてもらうようにしました。他社の分析によって客観的な視点が養われると、自然と自分の会社のいい点も視野に入ってくるようになります。

客観的な視点を持つことで、文句を言っていただけのときには見えなかったことが浮かび上がってきます。もし、あなたが会社の悪いところばかりが気になるようなら、一度、同業他社の強みと弱みを分析してみてはどうでしょうか。きっと、自分の会社のいい点に気づけると思います。

会社に感謝できる人、できない人

客観的に会社のことを見られるようになると、自分がしている仕事は大勢の人に支えられて成り立っていることに思い至ります。

たとえば、毎日遅くまで残業するのは大変ですが、それだけ仕事があるのは、営業部ががんばって仕事を取ってきてくれたからです。そう思えば、営業部への感謝の気持ちが生まれるでしょうし、もっと前向きに残業できるようになるかもしれません。

そうやって自分の持ち場の仕事にちゃんと取り組んではじめて、「もっとこうしてほしい」という話も取り合ってもらえるのです。会社や他の社員から自分がどれだけのことを受け取っているか、そのことに対する感謝もなく、「自分ばっかりこんなに忙しいなんて！」と感情的に文句を撒き散らしていては、周囲に眉をひそめられるだけでしょう。

このように、感謝できるということは単に気持ちの問題ではなく、客観的な視点に基づいて様々なことに気づけることとリンクしているといえます。

会社に感謝できない人は、なんでも自分中心に物事を見るので与えられているものを当然と思っており、他のことにも感謝できません。そういう人はいつまでもくすぶり続け、「会社が〜してくれない」と、ずっと文句を言って過ごすということになります。

定年まで、そんなふうに生きていくのは嫌ですよね。それどころか、何に対しても文句ばかりの口角が下がった年寄りになること間違いなしです。

そう考えると、感謝することは、生きていくうえでもとても大事だと思えてきます。つい会社の悪口を言いたくなったら、「不満ばかりの人生でいいのかな」と自分に問いかけてみませんか。

起業を成功させる人たちがやっていること

一方、ステップアップしていくのは皆「会社への感謝の気持ち」を持っている人ばかりです。「仕事に感謝なんて関係あるの？」と思われるかもしれませんが、能力があっても意外とそこが壁になって、失敗している人が大勢います。

私が起業するとき、「起業して失敗する人」には「前の会社とライバル関係になって競争に敗れる」という一定のパターンがあることに気づきました。経営戦略の見通しの甘さもあるのでしょうが、それ以上に、元の会社で自分が育ててもらったことへの感謝の気持ちが薄く、「シェアを奪おう」「顧客を引き抜こう」と市場に参入していくことが問題だという気がします。

そんなふうにアグレッシブに攻めてくるとなれば、「ライバル」となった元の会社も容赦しません。すでに出来上がった市場では新規参入者がどうしても不利になりますが、苦境に陥っても助けてくれる人がほとんど現れないのは、こういう人たちは何かにつけて「与えられて当然」という態度でいるからでしょう。

それとは逆に、起業で成功しているケースでは元の会社との関係が良好です。創業者に「会社にいたときに、起業の強みになることを学ばせてもらえた」という感謝の気持ちがあることに加え、その会社の強みや弱みを十分に理解する客観的な視点を持っているので、お互いをサポートし合う形でパートナーシップを組みながら、事業を展開していくことができます。

私自身も、前の勤め先と業務提携し、自分の得意分野を活用してもらうとともに、自分では手がまわらない大きなプロジェクトなどで協力してもらっています。

さらに、「前の会社に感謝できる人」はちょっとしたことにも感謝の気持ちが持てるので、「この人のために協力しよう」というサポートの輪も自然と広がっていきます。そこが、起業で失敗する人たちとの決定的な違いといえそうです。

手厚い福利厚生に見合わないと判断されたら

ここまでのことをまとめると、「福利厚生を見るときのポイントはギブ&テイク」ということになると思います。

社員は一方的にギブされて当然ではありません。会社の福利厚生に見合うギブを自分はしているのか、あるいは自分たちはこれだけ会社にギブしているのだからもっとテイクしたいといえるのか、会社と同じようにシビアに計算していくことが必要なのです。

会社の本音は「福利厚生はその負担に見合うだけの貢献度が高い社員に与えたい」というものです。しかも、これからは働き方改革によって、会社は非常に厳しい生存競争にさらされていきます。生産性を上げられず、淘汰されていくかもしれないというときに、福利厚生にお金をかけるのは相当な負担です。優秀な人材を囲い込むための手段として福利厚生を手厚くする流れは続くとしても、「テイクしてばかりでギブしない」社員はお荷物でしかなく、早く厄介払いしたいということになっていくでしょう。

今後はどうなるかわかりませんが、働き盛りの30〜40代を解雇するということはなくても、50歳になったら「そろそろ辞めてほしい」と早期退職を迫られる可能性は今でも十分あります。

私の知人にも、50歳でリストラされた女性がいます。「結婚も封印して、こんなに会社に尽くしたのに」と訴える彼女の話を私はひたすら聞きました。ショックのあまり鬱状態になってしまった彼女には、まずは会社への恨みつらみを気が済むまで吐き出させることが必要でした。

半年近く経ってようやく冷静になった彼女は、「自分は会社に存在していただけで他に持っていけるスキルを身につけていない」「たしかに社内経験は豊富だったけれど、そんな自分のことを会社の基準のように思い込んで、会社が進める変革についていけていなかった」と気づき、愕然としたといいます。

その後、一緒に彼女の強みを洗い出し、彼女は無事転職することができましたが、「50歳になって長年勤めた会社にリストラされるというのは、こんなにも辛いものなのか」と身につまされました。

「50歳の自分」を想像してみる

20代や30代ならまだまだやり直しがききますが、頭の回転も鈍り、体力も衰えていく50代で「辞めてください」と言われたときのダメージは相当なものです。

「50歳？　そんな先のことなんて、まだ考えられない」と思った人もいるかもしれません。でも、ちょっとがんばって想像してみてほしいと思います。

たとえば、今30歳の人が子育てを一段落するのが40歳ぐらい、そこからの10年はあっという間です。50歳で解雇されたとしたら、そのときの夫の収入はどうなっているか。夫の収入だけで生活できない場合、自分に再就職先はあるのか。ないとすれば、今からどんな準備ができるのか……。

これは私自身痛感していることですが、50代になってから新しいことを覚え、若い人たちについていくのは本当に大変です。そのときになっていきなり何かをするのでは遅すぎるかもしれません。働き方改革で「実力主義」が求められる世の中では、50歳までにどれだけ能力をつけられるかがカギになるといえそうです。

「手厚い福利厚生に見合う社員として、50歳を過ぎても会社に必要とされるか」

「50歳で会社を辞めても生きていける能力があるか」

50歳になったときのあなたはどう生きていたいでしょうか。

1つわかっているのは、「こんなに長く勤めたのに、解雇された」とショックを引きずり、文句ばかりをまき散らす人に明るい未来はないということです。

そうならないために何ができるのか、ぜひ今から考えておきましょう。

Ⅱ

女性管理職って、本当にやらないほうがいいもの？

第6章

なぜ女性は管理職になりたがらないのか?

「私に管理職なんて無理です」という女性たち

働き方改革が進んでいく世の中で、私は仲間である女性たちに「自分の将来は自分で切り拓く!」という強い気持ちをもっと持ってほしいと思っています。「私には無理」と尻込みし、「他の人がやればいい」と誰かに頼ってばかりの生き方は、これからはもう通用しないのです。

特に、声を大にして言いたいのは、「昇進するチャンスを逃さないで」ということです。「女性管理職って、やらないほうがいいもの?」という問いの答えを最初に言ってしまうと、「絶対にやったほうがいい」というのが私の意見です。そう言うと、こんなふうに反論されるかもしれません。

「管理職はキャリア志向でバリバリの人がなるものでしょ？」
「私は、ああまでしてガツガツ働きたくないし」
「残業を減らしたしわ寄せを一手に引き受けさせられて、めちゃくちゃ忙しくなる」
「管理職なんて、頭の固い上層部と何を考えているかわからない若手の板挟みで苦労するばかり。絶対に嫌」
「今でも家庭と仕事の両立で大変なのに、これ以上は無理」

どれも実際に私が聞いた声ですが、女性たちが管理職になりたくないという理由はそれこそいくらでも出てきますし、その気持ちもわからないわけではありません。

でも、なんだか、カラオケでマイクを渡されて「歌えません」と言っている人のように思えてしかたないのです。無理にマイクを渡された人が案外ノリノリで歌うようなもので、管理職も実際になってみれば「なんだ、結構できるじゃない」と自信が持てるのではないでしょうか。

「管理職なんて無理」という女性たちは、本当は全然「無理」なんかじゃないのです。彼女たちが前に踏み出すことを一番邪魔しているのは、彼女たち自身のなかにあるためらいなのだと思います。

この章では、「管理職なんてできない」「やりたくない」という原因を1つひとつ取り除き、なぜ管理職をやったほうがいいのかということを説明していきます。

きっと、「私には無理です」と後ずさりしていた人も、「それならできるかも」「やってみようかな」と気持ちが変わっていくはずです。

「あんなふうになりたい」と思える女性上司がいない

女性たちが「管理職になりたくない」とネガティブになる原因の1つに、現在の女性管理職が「憧れの存在」にならないということがあります。

これまでに管理職になっている女性は男女雇用機会均等法以前に入社し、女性に不利な境遇のなかでも辞めずに働き続けた先駆者なのですが、その大半は独身で「仕事一筋」でやってきたという人が多い。そのため、「家庭も仕事も」という今の若い女性たちからすれば、「あれなら自分にもできそう」とはどうしても思えないのでしょう。

〝男社会〟のなかで孤軍奮闘している姿は、会社に自由を奪われる、ヒステリック、女を捨てている……と、気の毒なほどに敬遠されがちです。

一方、若い女性のなかにもやる気があって、管理職になるための勉強会などに積極的に参加している人もいます。ただ「私が、私が」と我が強く見えてしまう人が目につきやすいこともあり、「ああいう人たちのなかにはちょっと入りにくい……」と見られてしまいがちです。

上司も、男性の部下には「能力があるんだから、管理職を目指して勉強会に出なさい」と言えるのに、女性に対しては及び腰になってしまい、「手を挙げられる人だけが参加すればいい」とばかり、女性たち任せにしてしまっている現状があります。

結果的に、能力はあるのに自分から「行きたい」と言えない女性は放置されたまま、「勉強会に出ているのは、コワイお姉さんたちばかり」といったような、一種の派閥化してしまうのでしょう。

実際には、「女を捨てている」と言われる仕事一筋の女性たちも、「我を通しすぎてコワイ」と思われている女性たちも、その多くは誤解されているだけで、コミュニケーションをとってみれば、「なんだ、全然そんなことなかった」と印象が変わるものです。その誤解が解消されないまま、女性たちが「あの人たちのようになりたくない」と管理職になる道から遠去かっていくのは非常に残念に思います。

もしかしたら、あなたも会社にいる女性管理職のことを「出世しても、○○さんみたいになるのは嫌だなあ」などと思っているかもしれません。でも、「○○さん」は本当にあなたがイメージするような人でしょうか？　思いきって話してみれば、思い違いをしていたことに気づくかもしれませんよ。

管理職になると「やりたい仕事」ができなくなる？

また、これは女性特有の傾向といえるかもしれませんが、管理職を打診されて戸惑う理由に「やりたい仕事ができなくなる」ということを挙げる人が結構います。

ある意味、女性は仕事に対して純粋というか、「この上司についていけば出世できる」といった社内政治にあまり関心がありません。それより、やりたい仕事ができるかどうかが重要なモチベーションになっています。

そのため、「現場が好きだから、管理職にはなりたくない」「管理職になって席に縛り付けられたり、会議ばかりの生活になったりするくらいなら、いっそ転職しようかな」という考えに傾くのです。でも、せっかく能力が評価されているのにそんな理由で簡単に辞めてしまっていいのでしょうか。

昇進を打診されたということは、がんばってやってきた仕事を「ちゃんと見てくれていた人」がいたからです。たとえ昇進するために働いているのではないのだとしても、自分を評価してくれた人のことはやはり大切にしたほうがいいといえます。

後で詳しく説明しますが、管理職になるとやりたい仕事ができなくなるというのは、ちょっと視野が狭い考えかもしれません。むしろ、やりたい仕事を管理職の立場から実現し

ていく方法はいくらでもありますし、そのときに味方になってくれるのが「がんばってい
ることをちゃんと見てくれていた人」です。自分1人ではできなかったことも、そうした
人たちや部下のサポートを受けることで、よりスケールアップした形で展開していけるの
です。

「管理職になったらやりたいことができない」と決めつけず、「管理職になったら何がで
きるか」ということを、もっと想像してみてはどうでしょうか。

「管理職になると結婚が遠のく」と思っているのは女性だけ

結婚願望を持つ女性たちには「管理職になると結婚が遠のく」という不安も大きいよう
です。

日本FP協会が2018年に20～50代の働く女性1200人の回答をまとめた「働く女
性のくらしとお金に関する調査」では、「女性は出世するほど、結婚相手が見つかりにく
くなると思う」という答えが64・3%もありました。女性が男性より上の立場になること
で「異性として見られなくなる」「かわいいと思われなくなる」と考えている人がまだ半
数以上もいるということですね。たとえば東京大学で「東大女子お断り」のサークルがあ
ったり、東大に通う女子学生が「合コンに行っても東大生と名乗らない」という話があっ

たりするのと、根っこは同じなのかもしれません。

たしかに、女性の処世術として「私なんてたいしたことないですよ」と振る舞う「謙遜文化」は存在します。おバカなふりをすることで周囲にかわいがってもらえるということは、それこそ私の若い頃からありました。でも、「私なんにもできないの〜」という女性を「かわいい」と思う男性もいれば、「なんでも頼ってこられるとムッとする」という男性もいます。「おバカなふり」が万能というわけでもなさそうです。

戦略としての謙遜やおバカなふりはありかもしれませんが、本当に「なんにもできない、知らない」で生きていけるほど、これからの世の中は甘くはありません。専業主婦が多数派だった頃は「大事なことは夫が決めてくれる」と夫任せでもよかったかもしれませんが、今は男も女も「自分の人生の責任は自分にある」という覚悟が必要な時代ですから、その責任が取れない人は相手のお荷物になるだけです。

本当に男性たちは皆、控えめでかわいい女性が好きなのでしょうか？　私は大いに疑問を持っています。

バブルの時代の女性たちが「三高（高学歴・高収入・高身長）」の男性を求めたように、現代は「自分だけが家計を支えるのはしんどい」と、むしろ男性が「高収入の女性」に頼りたいという傾向も見られます。また、男性の収入や学歴が高いほど、価値観や話題を共有できるからと自分と「同じレベル」の女性と交際しているものです。実際、私の周囲のいわゆる「高スペック男性」たちに「おバカな女の子がかわいい」という人は1人もいません。皆、「いかに妻が活躍しているか」という奥様自慢ばかりで、いつも微笑ましく彼らの話を聞いています。

だいたい、管理職の女性とはつきあいたくないなんて、あまりにも器が小さすぎると思います。「出世=結婚が遠のく」と自分を押し殺して、そんな男性と結婚して果たして幸せになれるでしょうか?

「課長は大変だからなりたくない」という間違い

「管理職になりたくない」と考える最大の理由は、おそらく最初のステップである課長職の激務に多くの人が恐れをなしているからでしょう。

第2章でも述べたように、働き方改革で残業削減・有給取得義務化が促進された結果、課長は現場のしわ寄せを一手に引き受けざるを得ない状況に追い込まれています。残業を減らしたうえで仕事も終わらなければなりません。終わらなければ、責任を問われるのは自分なので、課長は「隠れ残業」をしないとやっていけないという構図です。

株式会社セルパワーが、中間管理職(部長・課長・次長・係長)1122人を対象に行った調査では、6割近くが「働き方改革によって負担が増えた」と回答しており、部下や後輩に代わって「身代わり残業をしたことがある」という回答は44・1%と半数近くにのぼっています。

もともと中間管理職は苦労が多いポジションです。マンパワーグループが2019年に行った調査では、「勤務先で非常にストレスを感じている」と答える課長が全体の4分の1という結果が出ました。「ややストレスを感じる」と合わせると8割以上の課長がなんらかのストレスを抱えていることになり、その原因は1位「上司との関係（47%）」、2位「仕事量が多い（36%）」、3位「仕事の内容（34%）」です。

課長職に就いているのはだいたい40代でバブル期以降の価値観を持っている世代ですが、まさにイケイケのバブル時代の価値観で育ってきた上層部からは「なんとかしろ」と発破をかけられます。「時代が違うのに……」と重いため息をつきながら上から言われた通りやろうとすると、今度は〝ゆとり世代〟やそれより下の〝さとり世代〟の部下から「それ、おかしくないですか？　そんなことやっても意味ないですよ」などと指摘されてしまい、まさに板挟みです。

そんな課長の大変さを間近で見れば、「課長になるのは絶対に嫌」「あんなに大変な課長をやらないと上にいけないなら、昇進なんてしなくていい」と思ってしまうのもしかたないかもしれません。

でも、もし課長にならないとしたら、退職までずっとヒラ、ただの「一般社員」です。そのことの意味を考えたことがありますか？

まず、上司は皆、後輩ばかりになり、先輩として仕事を教えてきたはずが、いつの間にか立場が逆転、年下からあれこれ命令されるようになります。女性が管理職コースに乗る選択肢を捨てた先にあるのは、「安いお給料で年下上司から言われたことだけをし続ける」仕事人生です。

「私は打ち込める趣味や習い事をやっていて、会社の外に生きがいがあるから、仕事はパッとしなくてもかまわない」というのも、それはそれで1つの価値観でしょう。でも、趣味や習い事には当然、お金がかかります。在職中はなんとかやりくりできても、一般社員の退職金は少なく、定年後の生活でいったいどこからその費用を払えばいいのかと頭を悩ませることになるかもしれません。

「課長なんて、絶対なりたくない」と言う前に、「一生ヒラ社員で命令されるばかりでいいの？」「安いお給料で貯金もたいしてできなかったら、私の老後はどうなる？」ということも、しっかりシミュレーションしてみてください。「それでもかまわない」という覚悟を、あなたは持つことができるでしょうか？

女性管理職は会社に縛り付けられるだけのもの？

そもそも、管理職とは、それほど敬遠されなければならないものなのでしょうか？

実際に管理職になった女性に聞くと、「自分よりも会社を優先しなければならない」「プライベートな時間がなくなる」などの「会社に縛り付けられる」という不安は「誤解だった」と真っ先に気づくといいます。逆に「慣れるまでは大変だったけれど、裁量権を持つことの楽しさを知った」という声がほとんどです。

その1人が、現在、郵船コーディアルサービス株式会社で人事・育成グループ・グループ長（いわゆる部長職）を務める清水久美子さんです。

結婚・出産で一度退社し、契約社員として元の勤め先の子会社に勤務することになったとき、「あの清水さんが帰ってきたらしい」と、かつての上司たちが復職をはたらきかけたというのですから、もともととても優秀だったのだと思います。

単に仕事ができるだけではなく、自分に足りない部分があるときは積極的に願い出て勉強したり、人が嫌がる接待も自分から引き受けたりする熱心さが、「この人とまた一緒に働きたい」という気持ちをかつての上司たちから引き出したのでしょう。子育て中は思うように仕事ができない時期が続いたものの、「仕事をする以上は責任を持って働きたい」

という思いで努力し続ける姿勢が認められ、出世コースに乗り、現在に至ります。優しくオープンな人柄もあり、後輩女性たちの憧れの的です。

「管理職になって、自分のやりたいこと、考えていることが実現できるのはとても大きかったですね」と言う清水さんは、いくつものやりたいことを成し遂げてきました。たとえば、自分が研修を受けることもなく突然昇進して苦労した経験から、「管理職になる前に、こういう知識を得ておくと役に立つ」という内容を社内研修で行うようにしたり、メンタルを崩したことでメンタルケアの必要性を実感し、管理職になってから社員が利用できるメンタル相談の体制も整えたりしたといいます。

清水さんのケースは、管理職になることで、自ら働きやすい環境を進んでつくっていくことが可能になるということを教えてくれます。一般社員のときに「もっと○○だったらいいのに」と思っていたことを提案し、実現に結び付けられるのが管理職なのです。

「こんな無駄なことしているの、おかしくない？」

「会議をダラダラやるのはやめよう」

「時短の人と組み合わせてチーム営業制度にしたらいいんじゃない？」

「子どもの保護者会に1日の休みはいらないけど3時間休んで行きたい。だったら時間消費の有給制度にすればいい」

などなど、女性はワーク・ライフ・バランスを重要視する傾向が強いので、何が業務の無駄になっているかに気づきやすく、効率化していくことが得意です。「管理職になったら、子育てがおろそかになる」と心配する人もいますが、むしろ管理職になることは時間や余裕を生む近道となります。

また、これはワーキングマザーとしての私自身の実感でもありますが、子どもは親がべったりとそばにいるより、親が真剣に働く姿から学ぶことが多いものです。あなたが管理職になって生き生きと仕事をすることは、子どものためにもとてもいいことだと思います。

ちなみに、清水さんの会社では、育休取得者の100%が戻ってくるそうです。育休取得者が年2回子連れで出社し本音で語り合う「ママ座談会」、育休中でも受講できる「eラーニング制度」、育休中もアクセスできる社内掲示板など、子育てしながら働き続けるための様々な制度が整っていることが大きいといえますが、どれも管理職として清水さんが提案し、実現させてきたことです。

こんなふうに、自分がやりたいと思うことや社員が働きやすい環境をかたちにできるとしたら、管理職になるのもいいなと思えてきませんか？

「管理職」というステージで待っている5つのこと

「管理職になりたくない」と思うのは「一般社員の視点」で物事を考えているからかもしれません。管理職になると文字通り「ステージ」が変わります。一般社員の目から見れば、ただ大変そうに映っていたことも、一段上に昇ってみれば、意外と快適だったりするものです。実際、管理職になって視野、スキル、人脈、裁量権がアップすると自由度は格段に増していきます。仕事の幅もぐんと広がり、見違えるようにおもしろくなるのです。

次に挙げるのは、清水さんをはじめとする私の周囲の管理職の女性たちから教えてもらった、「管理職になってよかったこと」の主なものです。

①時間を自由に使える

「管理職になってからのほうが、時間を自由に使えるようになった」という管理職の女性たちは大勢います。

たとえば、「今日は4時までに帰りたい」というとき、一般社員では堂々と帰ることはなかなか難しいでしょう。上司や同僚に気兼ねしながら退社せざるを得なかったり、「さあ、帰ろう」と思ったタイミングで上司から何か頼まれて結局会社を出られなかったりということもよくありますよね。

管理職になれば、「じゃあ会議は4時に終わらせましょう」などと自分の退社時間に合わせて仕事の段取りを組むことができますし、会議の時間を半分にする工夫をして早い時間での退社を実現させた人もいます。そんなふうに、上の都合ではなく自分の都合で仕事のペースを決められるのです。

「あんなに忙しいのは無理」というハードルは、実は管理職になって自分でイニシアチブを取ればなくすことができるといえます。もちろん責任は伴いますが、このことは管理職を打診されて尻込みする女性たちにぜひ知ってほしいことの1つです。

②取引先に大事にされる

肩書には重みがあります。当たり前のことですが、「責任を持っている人」は一般社員よりずっとていねいに接してもらえます。誰でも、邪険にされるより大切にされたほうが気持ちがいいものですよね。

でも、それだけではありません。責任がある人に対しては、取引先も重要なことを本音で話してくれます。「大事なことは上の人にしか話さない」のです。

取引先から「あれやって」「これやって」と指示ばかり受けているのでつまらなかった

ことも、仕事の全体像が見えてくれば、「それなら、当社からこういう提案をさせていただきたいのですが」と積極的にアプローチしていくこともできるでしょう。一般社員の意見は鼻であしらわれても、管理職が言うことには相手も耳を傾けてくれます。立場が上になることで、それだけ発言に価値を認められるようになるのです。

③人脈が広がる

管理職になれば、つきあう人たちのステージも上がります。優秀な人たちと交流することは自分の学びや成長につながりますし、世界が大きく開けていく楽しさを実感できるでしょう。社外に人脈が広がれば、他社に引き抜かれる機会が生まれたり、起業するチャンスをつかめたりするかもしれません。

なかでも、「仕事ができる女性は嫌われる」というストレスから解放されるのは、女性にとって大きなメリットです。既に出世している男性たちは余裕があるので、「女のくせに」などとマウントをとる必要がありません。同じステージにいる女性たちに求めるのは「かわいさ」より「能力」です。これまで、能力を隠して「私、なんにもできなくて」と謙遜せざるを得なかった女性ほど、ありのままの自分でいられる気持ちよさを感じることができるでしょう。

④自分に自信が持てる

管理職になるということは、会社を舞台にたとえると「何のためにこれを演じているのかわからない」という端役から抜擢され、メインの登場人物としてスポットライトを浴びるようなものです。

舞台がメインキャストの素晴らしい演技で観客に感動を与えるように、会社も管理職がリーダーシップを発揮し、成果を出すことで業績を上げることができるわけです。セリフなしの端役よりずっとやりがいがあるのは当然でしょう。

「その他大勢」のキャストと違い、舞台を成功させる責任もぐっと重くなりますが、それを引き受けられるだけの実力を認められたからこそ、重要な役に選ばれたのです。そのことは、自分に対する自信の持ち方を大きく変えていくといえるでしょう。

⑤見た目がキラキラしてくる

これは、女性管理職の方々から挙がってきたことではなく、周囲の管理職の女性たちを見ていて、私が感じていることです。

おもしろいことに、女性は管理職になると見た目が明らかに変わります。それは単に、ファッションが高級になるといった表面的なことではなく、もっと感覚的なところで「あ、前と違うな」という変化が出てくるのです。

まず、管理職になると、皆、目に力が出てキラキラしてきます。責任のある地位に就き、仕事の醍醐味を知ることは、びっくりするほど人を生き生きとさせるのだなと実感します。

また、責任のあるポジションに就くことで、自然と「できる人」「頼りがいのある人」という雰囲気が生まれるのも共通しています。

研修の受講生で、管理職になりたての頃は猫背でうつむいていた人が、しばらく経つと背筋を伸ばして颯爽と歩くようになるのを見ると、「立派になったなあ」と我が子を見るような思いで嬉しくなります。

つまり、管理職になった女性は皆、とても魅力的になるのです。姿勢や目つきというものは人の印象を大きく左右しますが、以前は合コンに行っても冴えなかった人が管理職になった途端に結婚が決まったという例もあります。夫になった人は「(初対面のとき)きちんとしていていいなと思った」そうですが、きちんとしている姿はまさに管理職になったことで磨かれたものだと、管理職になる前から彼女のことを知っていた私は大いに納得しました。

「どうせ私なんて管理職には無理」とうつむいている女性たちも、本当はもっと自信を持って生き生きしたいのだと思います。そんな人こそ、勇気を持って一歩を踏み出すことで、「私なんて」という自分をきっと変えていけるはずです。

チャレンジすることで世界は変わる

この章の最後にもう1人、ご紹介したい素敵な女性管理職がいます。

ANA取締役執行役員の梶田恵美子さんは、キャビンアテンダントを経て客室乗務課リーダーやグループ会社での役職を歴任、異例のスピード出世で現在の地位に上りました。梶田さんは優秀なのはもちろん、気配りがとても細やかで人間的にもとても魅力的と、周囲から「あんなふうになりたい」と思われる、憧れのロールモデルです。

そんな梶田さんは「チャレンジしたことが自分のキャリアにつながった」と振り返ります。

ターニングポイントとなったのは38歳のとき。「何か新しいことが待っているかも」と、大阪（伊丹空港）へ転勤したことで、客室乗務課キャビンマネージャーだった梶田さんは、思いがけず大阪空港と関西空港の客室部の統合業務に携わることになりました。そこで組織マネジメントや組合との交渉などの経験を積み、いつしか組織マネジメントのプロフェッショナルとしてリーダーシップを期待されるようになっていったのです。

大阪に転勤しなければ、梶田さんは客室乗務一筋だったかもしれず、おそらく現在のキャリアアップにはつながらなかったでしょう。そして清水さん同様、女性が働き続けるための施策を管理職として次々と打ち出してきています。

でも、梶田さんのように思い切ってチャレンジできる女性はまだまだ少数派のようです。せっかくチャンスが目の前にあっても「私なんかにはまだ早いです」「やってみたいけど、失敗するかもと思うと怖い」と尻込みする女性がとても多いように思います。

たとえば、転勤の辞令が下ったとき、「いつ帰ってこられるかわからない」という不安がどうしても先に立ちます。そこで、梶田さんは「チャレンジ制度」というものを新たにつくり、担当したグループ会社では、転勤の任期を2年間と区切って、手を挙げてもらうようにしたのだそうです。もし、その2年の間にうまくいかなかったとしても、人事評価に影響しないという点もこの制度のポイントです。

能力はあるのに尻込みする女性たちに「やってみない?」「あなたなら大丈夫」「やってみたら何か見つかるかも」と背中を押しているうちに、「梶田さんがそう言うなら、やってみようかな」と志願する女性も増えてきたそうです。結果的に、2年間の任期を終える頃には「やってみてよかった」と例外なく任期を延長するケースが相次ぎ、「それなら私も」と手を挙げるというい流れができていると話してくれました。

なかには、「どうしても地元から出たくない」とがんばっていたのに、「2年だけなら」と東京への転勤を受け入れたところ、仕事がおもしろくなり、現在は海外でバリバリ働いているという人もいるというのですから、人生はまさに「やってみなければわからない」。だからこそ、チャレンジすることが大事なのです。

やればできる！

ここまで読んできて、この章の最初に挙げた「管理職になりたくない理由」をもう一度チェックしてみてほしいと思います。たぶん、「なんだ、管理職になれば、意外と全部解決できるかも」と思えてきたのではないでしょうか。

あとは、あなたのやる気次第です。

管理職という責任ある立場を引き受けるということはたしかに、決して低くはないハードルといえるでしょう。「大変だからやりたくない」と逃げるのは簡単ですが、一見、楽なように思える道も、その先には茨の道が待ち受けているかもしれません。結局、どちらに行っても大変なのです。

最初から自信満々で管理職を引き受けられる人なんていません。多少の不安はあったとしても、どうせなら、成長し、大きく飛躍できるようなチャンスに挑戦してみてはどうでしょう。

若い女性は特に、安全志向が身に染み付いている人がとても多いのですが、管理職という経験は、自分でも気づいていなかったポテンシャルを開花させるきっかけになります。そんなチャンスをむざむざ見送ることはありません。

管理職はあなたのこれからの人生を豊かに彩るための、1つの大事なステップ。「やればできる」と、ぜひ前向きに考えてみてください。たとえ、思ったような結果にならなくても、一般社員のままだったらできなかった多くの経験を積めたことは必ずあなたのプラスになりますから。

第7章

女性管理職が成功するために必要なこと

管理職として成功するために必要な4つのこと

この章では、管理職になったときに知っておくと役立つことや、女性に特有とされる弱点を克服する方法をお伝えしていきたいと思います。

これからの時代、女性も「管理職なんて私には関係ない」と決め込んではいられません。

今は10人に1人くらいしかいない女性の管理職ですが、今後、その数はどんどん増えていくことになるでしょう。働き方改革が進み、多様な働き方が認められるようになれば、これまでの人事評価制度では不利だった子どもがいる女性たちも、能力さえあれば男性と同じように昇進していきます。もはや、「女性管理職＝仕事一筋の独身女性がなるもの」

とは限りません。独身・既婚も、子どもがいる・いないも関係なく、管理職に登用されるようになっていくのです。

特に、40歳から下の世代の総合職の女性たちは、新人のときから男性と同じように鍛えられ、育成されてきたわけですから、実質的な管理職・役員候補とみなされることになります。「そろそろ、管理職にならないか」と声をかけられる可能性は誰にでもありますから、いざというときに慌てないよう、しっかり準備しておきましょう。

次に挙げるのは、管理職として成功するために必要な4つのことです。これまで述べてきたこととも重なりますが、管理職に限らず起業するときにも身につけておきたいことなので、改めてまとめておきたいと思います。

①「私で大丈夫」と思うこと

完璧な人はいませんし、勝ち組も負け組もありません。「わたし組」だと思えばいいのです。「わたしのやり方」「わたしの進み方」で大丈夫。前向きにがんばれば、ちゃんと道は開けていきます。

②「いいところ探し」を忘れない

1人で何かを成し遂げることはできません。成し遂げようとする必要もありません。どんな小さなことでも、必ず誰かの支えがあって成り立っているのですから、大事なのは、周囲への感謝を忘れないことです。そうすれば、自ずと相手のいいところや置かれた環境のいいところが目につくようになります。その姿勢が、何かあったときにもサポートし合える人間関係を築いていくことにつながっていきます。

③なんでもチャレンジする

石橋を叩く慎重さが必要なときもありますが、「おもしろそうだけど、やるのが不安」というときは、とにかくやってみることです。考えるのは走りながらでもできます。

また、チャレンジ精神は自分だけではなく、まわりにいる人々にも元気を分け与えます。周囲から見ると、チャレンジする姿はキラキラ輝いて見え、そのエネルギーが伝わってくるように感じられるのです。そのため、チャレンジする人は人を呼び寄せるとともに「この人に任せたい」「一緒に仕事をしたい」と、次のチャンスを呼び込んでいきます。

④コミュニケーション力

これは、最初の3つを補強するものです。あふれるほどの熱意や感謝の気持ちを持っていても、それを言葉で表現できなければ、伝えることはできません。想いをどう自分の言葉にするか、意識して、スキルアップしていきましょう。

①〜③については、これまでの章でも詳しくお話ししましたので、この章では特に④について説明していきましょう。第4章で述べた「上手なコミュニケーションの取り方」を基本に、さらに管理職に求められるコミュニケーション力向上の方法をお伝えしていきたいと思います。

「人前で話すのが苦手」という人へ

想いがあっても、それをどう伝えるかは、なかなか難しいものです。特に多くの女性たちにとってハードルになっているのが、「人前で話す」ということではないでしょうか。

管理職になると人前で話す機会が多くなりますが、「私には管理職なんて無理です」と首を横にふる女性たちは決まって「うまく話す自信がなくて……」と言います。研修でも、5〜6人の少人数ならリラックスして話せるのに、だんだん人数を多くしていって50

人の前で話をしなければならないとなると言葉に詰まってしまい、ついには泣き出してしまう人もいるほどです。

こうした女性たちの多くは、家や会社で「何が言いたいのかわからない」と言われ、「自分は話すのが下手」と苦手意識を強く持っています。でも安心してください。なぜうまく話せないのか、その原因がわかればちゃんと対処することができます。

話すのが苦手という人が抱えている最大の問題は、「話すのに慣れていない」ということです。苦手だからと人前で話さないでいると、ますます話す機会が減り、いざ話さなければならなくなったとき、普段やらないことをやる緊張感で固くなってしまい、余計にうまく話せなくなってしまいます。ちゃんと話せるようになりたいなら、練習を重ねるのが一番の近道です。

私の研修でも、最初はうつむいて何を言っているかわからなかった女性が、1回、2回、3回……と練習を積んでいくうちに、最後には教室内から拍手が起きるほど、上手に話せるようになっていきます。最初から話すのが得意という人のほうが少ないのですから、要は訓練次第なのです。最初はうまくできないかもしれませんが、何度も繰り返すうちに必ずできるようになっていきます。

私はいつも研修で「人と比べなくていいんですよ」「研修は恥をかきあうところです」

と受講生に伝えています。苦手なことがすぐにできないのは当たり前です。一番よくないのは、「やっぱりうまくできない。自分には無理」とすぐにあきらめてしまうことで、それでは永遠に話すのが苦手な自分を変えることはできません。

ちなみに、話すのが苦手な人には共通点があります。人前に立つと「ちゃんと話せないのでは」という心配で頭がいっぱいになってしまうので、「うつむいて話す」「話しているとき宙をみつめる」「聞いている人と目線を合わせられない」「声が小さい」「早口」「何を言いたいのかわからない」などと、マイナスになることばかりしてしまうのです。

これでは、聞いている側に話の内容をうまく伝えることはできません。その結果、「やっぱり私はうまく話せない」とますます自信喪失するという悪循環に陥ります。

まずは、顔を上げ、目の前にいる人と目線を合わせてみましょう。

もし、「こんなにたくさんの人の前で話すなんて！」と緊張してしまうようなら、ニコニコと聞いてくれる人を探し、その人だけを見て話します。実際には大勢の人が聞いているのだとしても、1人に向かって話すというイメージです。

声はなるべく大きく、そしてゆっくり話すことを意識しましょう。

そうやって話していると少しずつ落ち着いてくるはずです。少し慣れてきたなと感じたら、他の人の顔も見てみましょう。「やっぱりダメ、緊張する！」と思ったら、またニコニコ顔の人に目線を戻してかまいません。

これを繰り返すうち、全員の顔を見ながら話せるようになっていきます。

研修で粘り強く改善に取り組んだ受講生たちは「上手に話せるようになったことで、人生が変わりました」「これまで夫に『お前はバカだから黙っていろ』と言われて小さくなっていましたが、自分に自信が持てるようになりました」と人が変わったように明るくなります。

ぜひ、あなたにもそんなポジティブな変化を体験してほしいと思います。

なぜあなたの話は伝わらないのか

人前で話すのが苦手という人のなかには、「(先に)自分の考えを言ってはいけない」などと子どもの頃から言われ続けてきて、自分の考えをうまく言葉にできないケースも見られます。話す内容をまとめられなかったり、わかりやすく伝えられなかったりするので、「だったら、黙っていたほうがいい」と話すことから遠ざかってしまうのです。

この場合は、わかりやすく話す練習が必要です。

女性が話し方で失敗するのは、「ソフトに伝えようとして、結局言いたいことが伝わらない」というパターンです。気配りするのはいいのですが、気を使いすぎてしまうのです。たとえば、部下にチームの残業を減らしてほしいと伝えたいとき、こんなふうに言ってしまったりします。

「ちょっといい？　あなたのチームの残業時間ちょっと規定を超えてない？　忙しいのはわかるし、頑張っていないっていうわけじゃないんだけどね、他のチームよりちょっと多いって思うのよねえ。先月の会議で19時退社って決まったから、守らないとまずいわけよ。なんとかがんばってね、よろしくね」

この言い方の何が問題なのでしょうか。

本当に伝えたいことは「19時に退社できるよう、残業時間を減らしてほしい」ということのはずです。けれども、そこに至るまで、「あなたのチームの残業時間ちょっと規定を超えてない？」「忙しいのはわかるし、頑張っていないっていうわけじゃないんだけど」「他のチームよりちょっと多いって思うのよ」などと余計な言葉が続くので、相手はだんだん何を言われているのかわからなくなってしまいます。

会話のキャッチボールとして、相手を褒めることはいいのですが、それで伝えたいことがぼやけてしまうのだとしたら、本末転倒です。

「ちょっと」「思う」「なんとか」といったグレーな言葉も使いすぎです。これでは、「何を」「どのくらい」「どうすれば」いいのか、言われている側はまったくわかりません。

「ちょっと多いという程度なら、5分残業を減らせばいいか」などと勝手に解釈されてしまうかもしれませんし、「なんとかがんばってって言われても、これ以上減らせないんだからしかたない」と開き直られるということもあります。

女性ならではの弱点を克服・強化しよう

こうした言い方には「はっきり言わなくても相手がわかってくれるはず」という期待も含まれています。でも「言わなくてもわかる」ということはほとんどないと考えてください。

女性は空気を読むのが得意な人が多いので、相手も同じようにこちらの言いたいことを察してくれると思いがちですが、皆がそうとは限りません。同じく、「これぐらい、わかるだろう」と勝手に決めてはいけません。言う側はわかっていても、言われた側はわかっていないというケースは山のようにあります。

何度も言っているのに改善されないということが続くと、「こんなに言っているのに、どうしてわかってくれないの！」と、突然感情的になってしまうことにつながりかねません。けれども、言われた側はなぜそんなに怒られるのか、まったくわかっていなかったりします。それどころか、「女性はすぐヒステリーを起こすから困る」「感情的で話ができない」などと叩かれてしまいます。これでは、怒ったほうが損するばかりです。

コミュニケーションは「論理性」「感情」両方のバランスが取れていなくてはならないものです。相手に受け入れてもらいやすいよう表情や口調に気を配ることは必要ですが、一番に気を配るべきは言いたいことが相手にきちんと伝わるかどうか。それには、簡潔で論理的でなければなりません。

自分も女性ですからこういう決め付けた言い方は避けたいのですが、やはり論理性は多くの女性にとっての弱点といえます。研修の受講生を見ていても、女性は論理的に考えるより感情で動く傾向がありますし、ある人材育成会社がリーダー層を対象に行ったテストでも「女性は論理的思考が弱い」という結果が出ています。

ただ、「論理的な思考と話し方」は訓練でいくらでも身につけることができます。女性はもともと感性が豊かな人が多いので、それに論理性がプラスされれば、まさに鬼に金棒といえるでしょう。

「論理的な思考と話し方」をするには、「分けて考える」または「順を追って考える」ことが大切です。

たとえば、今日話した内容を思い出し、紙に書いてみます。

そのときに、「結論は何か?」「なぜその結論なのか?」「具体的な肉付け（事例や詳細）

ね。

は何か?」という3つの枠をつくり、整理します。どこか、英文の組み立てに似ていますね。

「今日、自分はこの3つの枠をちゃんと分けて話すことができただろうか」と振り返ってみると、「結論をはっきりさせられなかった」「なぜの部分が弱かったな」など「うまく伝えられなかった理由」が見えてきます。そうすれば、次からはもっと3つの枠を意識して話せるようになります。この3つの枠は、自分が聞いた話の振り返りにも使えるので、ぜひ活用してみてください。

あるいは迷っていることがあれば、「メリットの箱」「デメリットの箱」という枠をつくって紙に書き出してみましょう。メリットのほうが多く書き出せたのに、まだ迷いが残っているとしたら、「躊躇する理由は何?」「そのことをやらなかったら得することは何?」「やったら得することはある?」と順番に考えていきます。

その結果、「やる」と決めたなら、「私は〜することに決めた。〜になりたいから」と3つの枠にあてはめて誰かに話してみましょう。

用意するものは紙と鉛筆だけ、誰でもできる簡単なワークですが、効果は絶大です。こまめに練習してみてくださいね。

わかりやすく伝えるための3つのポイント

単に「19時に退社できるよう、残業時間を減らしてほしい」と言えばいいところを、わざわざまわりくどくしてしまうのはなぜなのでしょうか。

オブラートに包んだ言い方になる原因を考えていくと、「『残業が多すぎる』とはっきり言って、険悪になるのが嫌」「ただでさえ忙しいのに。余計なトラブルを起こしたくない」という気持ちがあるということが見えてきます。

でも、言いたいことを率直に言っても受け入れられる伝え方はあります。ポイントは、

1　結論から言う
2　数字で出せるものは数字にする
3　理由を言う

の3つです。これに沿って、先程の「わかりにくい指示」を言い換えてみましょう。

「退社時間について3分ほど話していい？　忙しいなか頑張っていて、ホントにお疲れさま。でもね、退社時間19時は守りたいの。先週のあなたのチームの残業時間が規定を30分超えているのよ。19時退社ということを周知できているのかも含め、30分縮めるためにできそうなことはないか考えてきて。大丈夫？　じゃあ相談でもいいから、今日の17時に報

告に来てね」

いかがでしょうか。これなら相手も、「19時退社を守らないといけない」「実行するには何をすべきか考える」ということが求められていると納得できます。はっきりとした言い方でも、話し方の工夫で伝えたいことをスムーズに伝えることができるのです。

3つのポイントのうち、特に意識してほしいのは「結論から言う」です。話し始めるときには、自分が言いたい結論は何か、瞬時に考える癖をつけましょう。

実際には、状況や理由をあれこれ考えた結果として結論にたどりつきますが、伝えるときには、その順番を逆にすると効果的です。つまり、結論を真っ先に話し、それからなぜそうなのかという理由や状況説明をすると、聞いている側は納得できます。

これはPREP（プレップ）法という、プレゼンテーションや論文等でよく使われる手法です。PはPoint（結論）、RはReason（理由）、EはExample（例）、そして最後のPでもう一度Point（結論）を繰り返します。一種の「型」のようなものだと考えて、これに沿って話を進めるようにすると、見違えるように話がよく伝わります。

「指示出し下手」は損をする

人前で話すことに続けてスキルアップしたいのは、上手な「指示出し」です。

これができないと、前章で触れたような「あんなに大変なら管理職なんてなりたくない」と思われてしまうような激務が押し寄せてくるのが目に見えています。なぜなら、指示出しが下手な管理職は、部下に仕事を任せることができないからです。

たぶん、これまでの上司からもわかりやすく指示出しをされてこなかったり、適切な訓練も受けていなかったりするので、上手な指示出しとはどういうものか、よくわかっていないのでしょう。曖昧な言葉でだらだらと指示出しをされると、言われたほうは何をすればいいのかわかりません。それで「部下には任せられない」と自分で負担を引き受けざるを得なくなり、「管理職って、本当に大変……」と青息吐息になってしまうのです。

上手な指示出しのコツをお伝えするので、そんな疲労困憊の管理職にならないでくださいね。

まず、誰かに協力してもらうときには、「なぜその仕事をするのか」ということを把握したうえで指示を出しましょう。

特に、最近の若い世代は「なぜそれをしなければならないのか」という理由を知りたがります。指示を出す側が「なぜその仕事をするのか」がわかっていなければ、「そういうものなんだから」「やらなきゃいけないものはとにかくやらなきゃ」としか言えないでしょう。それでは、反発されてしまい、伝わるものも伝わりません。

私の研修では、「社長から重要事項を書いた紙が配られ、その内容を部下に伝えなくてはならない」というモデルケースをつくって、受講生に練習をしてもらいます。書いてあることをただ読むだけでは失格です。重要事項のなかのさらに大事なポイントは何か、それをどう整理して伝えるかということができないといけません。

けれども、これがなかなかうまくまとまりません。学校の国語の勉強で「次の文章の要点を述べよ」「著者の言いたいことを○字でまとめなさい」といった問題に取り組んできたと思うのですが、「社長が一番伝えたい大事なことはなんでしょう?」と聞くと、「ここかな」「いや、こっちじゃないの」と受講生の意見が割れてしまうのです。

国語力が落ちているのか、本を読まないからか、それとも、そもそもコミュニケーションを通して「伝える」という経験が不足しているのかはわかりませんが、年々こうした傾向は強まっているようで、私は非常に危惧しています。

経営理念を自分の言葉で言えますか?

「社長の言いたいこと」をもっと大きな意味でとらえるとすると、それは経営理念ということになるでしょう。あなたは、会社の経営理念を自分の言葉で伝えることができるでしょうか?

会社の経営理念に共感できるかどうかということは、働くうえでの大きなモチベーションになります。けれども、一般に経営理念はきれいごとの羅列になっていて、朝礼で毎日唱和していても、社員にはなかなかピンとこないものになっていたりします。

会社の経営理念を自分の言葉で伝えるということは、管理職に求められる1つの能力です。なぜなら、会社全体や事業が社会に及ぼす影響も含めた広い視点で物事を見なければ、腑に落ちたリアルな言葉として語ることはできないからです。

たとえば、食品会社が「安全な食」という理念を掲げているとして、言葉だけを取り出してみれば、「そんなことは当たり前」と思われてしまうでしょう。けれども、それまでの会社の歴史のなかで、「安全な食」を実現できないときにどのようなことが起こったか(健康被害など)、それによって会社がどれほど大きなダメージを受け、どのように信頼を取り戻していったかというストーリーを踏まえて伝えることができれば、「だから、安全な食は大切なんだな」と、社員1人ひとりがその重みを実感することができるはずです。

会社全体を視野に入れるということは、一般社員の立場ではなかなか難しいでしょう。そこで、私がリーダー研修を行うときは、「今の自分より2つ上の立場になったつもりで考えてみる」というワークに取り組んでもらいます。

「あなたは課長で、これからある案件を部長に持っていくところです」

「それに対して、部長はなんて言うでしょう？」
「反対されたら、どうやって説得しますか？」
といった感じで、グループでディスカッションをしていきます。

経験がないのに、いきなり「部長になって考えてみて」と言われて戸惑う人もいますが、やってみると、意外と会話がつながるものです。

このワークをするときは、「1つ上」ではなく「2つ上」の立場というのがポイントです。すぐ上の立場は日頃接しているので何を考えているかがわかりやすい一方、現在の立場とそれほど変わらない視点になります。そのため、発想を変えにくいのです。けれども「2つ上」なら、普段の接点が少ないので、いろいろ想像力が働きやすくなります。

「上の人って、こんなに広い目線で見ているんだ」「こんなに細かいところまで気がついているのか」などと、いろいろな発見が生まれ、それによって視野も広がっていきますから、日頃から自分なりに「2つ上で考える」ことを試してみてもいいですね。

今回の新型コロナウイルスへの対応でも、「経営者の目線で考える」ことを日頃から意識していた人事部長が、他社に先駆けてテレワークを決定したという話を聞きました。実行にあたり、「なぜテレワークが必要なのか」という理由とともに上に進言し、取引先には契約書捺印の省略化を説得したといいます。

こうした前例のない事態への思い切った対応は、まさに広角的視点のなせるワザで、「お見事！」と喝采したくなりました。

指導の６段階を理解する

上手な指示出しをするために頭に入れておくと役立つのが、「指導の６原則」というものです。

「指導の６原則」

1　心の準備（目的を言う。意識付けをする）
2　言ってみて（注意ポイントや手順ポイントを説明）
3　やってみせる（お手本を見せる。説明とお手本は分ける方がはっきりわかりやすい）
4　やらせてみる
5　ひとほめ・ひとアドバイス（やったことについて評価。まずいいところをほめるようにする、次に改善点を伝える）
6　フォローする（「よくできているからこの調子で頑張って」「ここだけまだできてなかったから次頑張ってね」「困ったら来てね」など）

これは、太平洋戦争で真珠湾攻撃などを指揮した山本五十六の「やってみせ、言って聞かせて、させてみせ、ほめてやらねば、人は動かじ」という有名な言葉とも重なります。

これに加えて、要所要所で、こちらの指示がちゃんと伝わっているかを確認することも大切です。家庭内の例で恐縮ですが、たとえば私が夫を洗濯物干しの達人にするため行った指導は次のようなものでした。

「あなたに洗濯物を干すことをやってほしいの（目的を言う。意識付け）」

「その間に私は朝食の用意ができるから分担してくれると助かるな（やってほしい理由を言う）」

「それでね、干すときに2つ気に留めてほしいことがあるの（注意ポイント）」

「まず、厚手の物はできるだけ重ねないで干してね。たとえば、ズボンは折らずに上を止めて干してね」

「2つ目は柔らかく仕上げる干し方をしてね。タオルなど繊維を立たせるとふっくらするから、よく振ってね」

「じゃあ干すところを見てて（実際にやってみる）」

「じゃあ続きをやってみて（させてみる）」

「うん、上手。さすがだねー（ほめる）」

「じゃあ、これからよろしくね。わからないことがあったら言ってね（フォローする）」

「こんなに面倒なことをやらないといけないの？」と思う人もいるかもしれませんが、実はこうやって段階を踏むことがわかりやすい指示を出し、生産性を上げる近道にもなります。一度身についてしまえば、仕事の任せ方も上手になりますし、自分の仕事もぐっとラクになりますから、ぜひ実践してみてください。

また、具体的な言葉を使い、ポイントが伝わるように、簡潔に説明しましょう。いちいち面倒なようですが、結果的にそのほうが仕事はスムーズにいくのです。

指示を出してうまくいかないときは、「自分の言い方はどうだったかな」「よけいな一言を言ってなかっただろうか」と振り返ってみてください。

ついやってしまいがちなのは、「あれやって」「これやって」という命令口調ですが、言われるほうは「何を偉そうに」と思ってしまいます。内容は同じでも、相手に選択権を与えるような表現にすることで、トラブルは激減します。

たとえば、

「待ってて」より「待っててくれる？」

「これやって」より「これやってくれる？」

あるいは、「お願いしたいことがあるんだけど、大丈夫？」という問いかけを入れてもいいですね。

ちょっとした言葉のトゲが、人間関係を険悪にしてしまうのは、夫婦間でも職場でも同じです。気づいた点があれば、見直していきましょう。

アンガーマネジメント、できてますか？

ここまでは想いをわかりやすく伝えるためのスキルアップの方法を述べてきましたが、ネガティブな感情を抑えることも上手なコミュニケーションには欠かせません。

たとえば、よかれと思ってしたことを否定されると、つい感情的になってしまうものです。人間ですから「カチンとくる」ことはいくらでもあるでしょうが、それでも、怒りを爆発させてしまうのは、絶対に避けたい対応です。特に、管理職になれば、パワハラ防止のためにも、アンガーマネジメント、つまり怒りの感情をコントロールすることが必要になります。

たとえば、次のようなケースで、あなたはどんな反応をするでしょうか？

午後からクライアントのところに訪問する日、出社したら、同行する部下が企画提案の資料を必死でつくっています。

「なんで、できてないの？　昨日までにつくっておくのが常識でしょう！」

そんなふうに思ったとしたら、部下を責める前に、ちょっと冷静になりましょう。

たしかに仕事の進め方としては、前日までに作業を終えていなければならないところですが、あなたが思う「常識」から外れていたとしても、部下を怒鳴り散らすほど「許せない」ことでしょうか？

もし命にかかわるような危険なことであれば本当に怒っていいと思いますが、そうでなければ、「よくはないけど、まあまあ許せる」範囲のはずです。

一瞬、カーッとなってしまったとしても、「まあ絶対に許せないほどのことではないか」と一息つきましょう。そうすれば、「あれ、なぜ今資料をつくってるの？」と落ち着いて尋ねることもできると思います。もしかしたら、部下は前夜まで仕事がつまっていて、ようやく今日、時間が取れたのかもしれません。

でも、できれば前もって資料ができていたほうがいいのはもちろんです。

「当日だと、どんなトラブルがあるかわからないから、前日までにつくっておくのが大事だよ」

部下の言い分も聞きながら、こんなふうに指導していければいいですね。そうすれば、部下も頭ごなしに叱られたと思わず、自分の仕事のやり方を見直すことができるでしょう。

昔も今も「出世する女性」はやっかまれる

コミュニケーションは相手がいることですから、他人からのネガティブな感情にどう対処していくかもポイントになります。管理職になった女性の多くが直面しなければならない嫉妬も、その1つです。

なんとも低レベルの話ですが、男性管理職が結託して「女性にだけ情報を与えない」という「いじめ」があると聞きます。大事な情報をもらえないというのは、仕事をしていくうえで死活問題です。特に保守的・閉鎖的な「いじめ体質の会社」ではこうした「いじめ」が後を絶たず、それに耐えかねて退職してしまったというケースもありますから、これでは「出る杭は打つ」どころか「出る杭は抜く」ですよね。「いじめ」と書きましたが、要は立派なパワハラです。

女性からの嫉妬もないとはいえませんが、嫉妬の激しさでは男性の比ではありません。ちょっと綺麗な女性が出世すると「やっぱりね」と言われますが、彼女の能力については見もせず、いったい何が「やっぱり」なのでしょう？　また、「いくら女性管理職数アップの目標を掲げたからって、あれはねえ」などと叩かれてしまう女性もいますが、そのほとんどは本人をよく知らないまま流される噂レベルの話にすぎません。

成功したら妬まれるというのは男女関係なく起こることではあるものの、女性に対しては「俺たちのテリトリーに入ってきやがって」的な縄張り意識が嫉妬にさらに輪をかけます。そもそも管理職は男性だけのテリトリーという意識自体がおかしな話ですが、どうやら男性は「女性」というだけでまとめて「ライバル」にしてしまう傾向が強いようです。そのため、女性管理職が失敗すると、「だから女は」とこれみよがしに言われてしまうのです。

出世する女性がやっかまれるのは、昔からほとんど変わっていません。私が新卒で航空会社に入ったのは40年近く前のことですが、男性たちにその有能さを妬まれて、壮絶ないじめにあっている女性管理職がいました。

彼女には頻繁に転勤の辞令が下り、まだ幼い子どもを連れて慣れない土地でワンオペ育児を強いられたり、子どもが学校にあがってからは単身赴任を余儀なくされたり、見ていて本当に大変そうでした。それでも彼女は「自分の後に続く女性を出したい」という一念でがんばっていましたが、正直、「あそこまでは、私はできない」と若かった私は思ったものです。

一度挙げた手は下ろさない

男性社会の日本企業で、女性管理職への風当たりはまだまだ強いのが現実かもしれません。でも、周囲の嫉妬は気にしない、根も葉もない噂には反応しないというのが一番です。

このご時世に「女性だから」「美人だから」で上がっていかれるほど仕事は甘くありません。それなのに、いまだにそうした発想をする時代遅れな男性も残念ながら現実にはいるのです。低いレベルにわざわざ降りて対処する必要はありません。どうしても気になるのなら、「根拠のない噂はやめてください」と、直接その人に言えばいいだけです。

陰口を言うのは男性だけではありません。なかには、女性からの陰口や苦情、嫉妬に負けてしまう人もいます。同性ならではの遠慮のなさで批判が筒抜けに伝わってきてしまうと、「自分も少し前まではあっち側でみんなと自由にものが言えていたのに」と、気持ちが折れてしまったりします。

ただ、そこで気持ちが折れてしまうのは、「自分はこうしたい」という目標がはっきりしていないという「弱さ」があるからかもしれません。いじめは永遠に続くわけではないのですから、いじめる人を反面教師にして、粛々と自分のやることをやれば、結果は自ずとついてきます。

そもそも管理職は、上からは「しっかりしろ」と言われ、下からは「ついていけない」と突き上げられるポジションなのですから、人の言うことばかりを気にしていたら、到底やっていけません。

「誰も自分の苦労をわかってくれない」と愚痴も言いたくなるでしょう。そんな孤独な戦いを乗り切るためには、「社内に仲間をつくる」ことです。

たとえば、自分を管理職に推してくれた上司なら、きっと味方になってくれるでしょう。ただし、その上司が定年退職した後、誰も支持してくれないというのでは困りますから、他にも相談できる人や環境をつくっておくことです。

一度に全員にわかってもらうのは無理でも、信念を持ってブレずにがんばっていれば、「あなたについていきたい」と言ってくれる人が必ず現れます。その人を通じて、次第に周囲の空気もいいほうへと変わっていくものです。陰口に負けず、「一度挙げた手は降ろさない」と覚悟を決めることが、結果的につまらない嫉妬を吹き飛ばしていきます。

女性管理職に必要な「ずるさ」

女性は、細やかに気を遣い、人の話をよく聞くという点で、もともとコミュニケーション力が高い人が多いといえます。

でも、管理職になると、気を遣っているだけではやっていけないときがあります。様々な要望に応えようとがんばりすぎて、つぶれてしまっては元も子もありません。周囲が言ってくることすべてを叶えることは無理ですし、ときにはハイハイと聞き捨てることも覚えておきましょう。

また、理不尽なことを言われたとき、1人でも戦えるという人は別として、真っ向勝負をしても、なかなか勝ち目はありません。管理職としてやっていくとなれば、ストレートに自分の主張をするだけではなく、いかに自分の味方を増やすかがカギとなります。

たとえば、プロジェクトを進めるときに、上司から「なんでこのメンバーにしたわけ？」と不満が出たとします。「目的達成のための適材適所の人選です」と説明しても理解されないとしたら、1人で矢面に立つのではなく、そのやりとりをメールのCCで他のメンバーに知らせるという方法があります。

このときのポイントは、「大勢を巻き込む」ということです。1人の部下に「上司がわかってくれない」と愚痴るのは、単なる悪口と大差はありませんし、それが曲解された形で上司の耳に入ってしまう恐れもあります。

ですから、不満や要望はできるだけソーシャル（公的）な形でオープンにするのがおすすめです。やりとりを見た他のメンバーのなかから、一緒に「それはおかしい」と理解してくれる人も出てくれれば、交渉を有利に進めていくこともできます。

「ずるさ」というと言葉は悪いですが、こうした一種の駆け引きは管理職ならではの処世術ともいえます。

女性は純粋な分、「情熱」「正直」を大事にしますが、チームを率いて仕事をするとなれば、そこにちょっとだけ「ずるさ」を入れるぐらいの厚顔さも必要です。肩ひじを張ってポキンと折れてしまわないよう、たおやかにがんばってほしいと思います。

それだけの力を、あなたもきっと秘めているはずですから。

これまで多くの企業は「成果」「業績」にばかり目を向け、従業員のマインドについては二の次でした。しかし、新型コロナウイルスによる在宅勤務が長期化したことにより、いまや「組織コミュニケーション」に力を入れるようになっています。

オンライン飲み会に補助金を出したり、自宅のデスクや椅子を購入する費用を出したり、特に外資系企業では様々な研修プログラムを提供しています。また、「オンライン休憩室」や「オンライン・ヨガ教室」などの運営、「手書きの手紙」を送付するなど心の健康に気を配っているようです。

このことは、正常勤務に戻ったときに、これまでのような「成果主義マネジメント」から、コミュニケーションを重要視する「チームマネジメント」に認識が変わるきっかけになるのではないでしょうか。

そして、そうした場に求められるものこそ、女性管理職ならではの優しさ、たおやかさ、細やかさに違いないと思うのです。

おわりに　働き方改革は女性の生き方改革

今、必要なのは「自分で考える」力

国や会社に守ってもらえばよかった時代から、自己責任で生きていく時代へ。それが「働き方改革」の目指す流れです。

でも、急に「自分の責任で生きていってください」と突き放されても、途方に暮れてしまうかもしれません。つい「正解は何？」と探したくなりますが、あなたの人生にとって何が「正解」なのかは、あなたにしかわからないことです。答えは自分で探さなければなりません。

この頃、「自分で答えを探す」ということが苦手な人がとても多いと感じます。たとえば、就職活動中の学生たちは今でも「皆と同じ格好をしていれば安心」と、誰もが真っ黒なスーツを着て、靴やバッグまで判で押したような格好をしています。

学生に限ったことではありません。お受験シーズンで目にするのは、制服のような紺のスーツを身にまとい、やはり周囲と似たような格好の我が子の手を引いてお受験の会場に向かう親ばかりです。

少し前には、「失礼のない範囲」で自分の個性を表現できるスーツを選ぶようになっていたのに、なぜ、こんな光景が当たり前になってしまったのでしょうか。

研修でも、「正解が何か」ということばかり気にして、「自分で考えない」人たちが増えているとひしひしと感じます。「自分で考えてみて」と言うと、ほとんどの受講生はパニックになってしまうのです。

「あらかじめ用意された答えをみつける」ことに慣れてしまっているので、答えがない問題について自分なりに考えることができないのでしょう。「自分で考えるなんて面倒くさい」「マニュアルがあれば、その通りにやるのに」とラクな方へと流されているうち、日本人の「考える力」はどんどん落ちていってしまっているのかもしれません。

これは、とても怖いことです。なぜなら、「自分で考える」ということができないと、大きなリスクを呼びこむことにつながるからです。

かつて、鉄道会社の多くは「考える社員はいらない」との方針から、マニュアル通りに動く社員を求めていました。私が研修を行ったある鉄道会社でも、人事担当者に、「『臨機応変』という言葉は絶対に使わないでください」と釘を刺され驚きましたが、それぐらい社員に「考えさせない」ことを徹底させていたのです。

ところがその後、ある鉄道会社の運転士が「時間厳守」のマニュアルに忠実に従い、スピード超過で運転した結果、大きな鉄道事故につながってしまいました。もし、この運転士が「マニュアルにはこう書いてあるから」と思考停止せず、「スピードを出し過ぎたらどうなるか」、あるいは「時間厳守より安全第一」と考えられたとしたら、事故は防げたかもしれません。

この他にも、マニュアルを遵守することを優先して危うく大きな事故につながりそうになった事例が、全国の鉄道で相次ぎました。そうしたことが教訓となり、「臨機応変はいらない」と言っていた鉄道会社も、さすがに「自分で考えて動ける人」の採用・育成へと切り替えていったのです。

そもそも、マニュアル通りにやっていて、それで済むような仕事はあったとしても、ほんのわずかでしょう。仕事に不測の事態はつきものですから、マニュアルにないことが起こって当然なのです。そのとき、いかに自分で考え、臨機応変に対応できるか。「教えてくれたらできます」という人もいますが、それではいつまで経っても、マニュアルなしでやっていけるようにはならないでしょう。

今、日本が直面している人口減少問題は日本人の誰もが初めて経験することですから、対処法としての正解は誰も持ち合わせていません。新型コロナウイルス問題も初めての経験です。

このような未知の課題を乗り越えるために、1人ひとりに「考える力」が必要です。上司や先輩が正解を与えてくれるということはありません。

人生も同じです。生きていくなかでは山あり谷あり、いつも順風満帆というわけにはいきません。「正解」がないなかで、どんな人生を送りたいのかということは、自分で考えるしかないのです。

「できない理由」を数え上げる前に

自分で考えず、いつも他人任せにしている人は、「だって」「でも」が口癖です。

先日、ある喫茶店にいたとき、近くにいたニートらしきアラサー女性2人組の会話が聞こえてきました。

「そろそろ働かないといけないなあ」

「本当だよねえ」

「仕事探せばいいのはわかってるんだけどね」

「なかなか難しいんだよね」

「だって、うちら、人と話すのが苦手だから」

「宅配とか、どうかな？」

「でも、配達するとき、話さないとダメだし」

「ウーバーイーツは？」

「でも、事故るかもしれないし」

こんなふうに、片方が何か言うと、もう片方が否定するというやりとりが続き、「要するに、家で食べさせてもらってるから、働かなきゃって気持ちがなさすぎるんだよね」で終わってしまいました。私は聞きながら、「ああ、これは専業主婦の人が言うことと似ているなあ」と思ってしまいました。

保育園に入れないなどの理由で出産後、退職した女性たちは、「働きたいけど、働けない」という悪循環に陥りがちです。最初のうちは悶々としているのですが、その状況が続くうち、どんどん腰が重くなってしまうことも珍しくありません。

彼女たちは口では「働いている人が羨ましい」と言います。「じゃあ、あなたも仕事すればいいじゃない」と言うと、「だって、保育園がいっぱいで入れないし」と答えます。

ある人は、子どもが大きくなったら「学童に入れないから」、中学生・高校生になったら「定期試験のとき早く帰ってくるから」「受験勉強があるから」、子どもが巣立ったら今度は「孫の面倒を見なくちゃ」と、次々と新しい言い訳を見つけ、でも「働きたいとは思っているんだけど」と話していました。私は彼女の話を聞きながら、「結局は、本気で働きたいとは思っていないのだろうなあ」と思いました。

それで結局、働かずとも幸せに暮らしていければいいのですが、ずっとお伝えしてきたように、「できない理由を探して働かない」で済むほど、これからの時代は甘くはありません。

給与は上がっていないのに、大学の学費をはじめとする教育費は高騰する一方ですから、共働きでないと子どもの教育もままなりませんし、年金だけでは自分の老後の生活費は不安です。

そうなったとき、親や夫に頼って生活してきた人は、「だって、あなたの給料が安いから」「年金が少ないから」と文句を言うかもしれません。

そうやって誰かのせいにしてばかりの人生が、あなたが望んでいる生き方なのでしょうか？

もし、「それは嫌だ」と思うのなら、「できない理由」を数え上げるのをやめましょう。焦らず、選ばず、あきらめなければ、あなたが生き生きと楽しく生きていける道は必ず見つかるはずです。

「人生100年時代」をどう生きる？

この本を読んで、「私も何かやらなくちゃ」と思ったのだとしたら、思っているだけではなく、まず行動に移しましょう。そうでないと、「やっぱり無理かな……」と「できない理由」に引きずられて、結局できないままで終わってしまいます。

結婚・出産で退社した私が再び働こうと思ったとき、何から手をつければいいのかわからず、不安でした。最初の仕事は、近所の張り紙の求人募集でみつけたパートです。正直、やりがいがある仕事ではありませんでしたし、シッター代でお給料はほとんど消えてしまいましたが、4年の間、家事・育児のみをしていた私にとって「職場に行って仕事をする」という生活に慣れることも、1つのチャレンジでした。

それから様々な仕事を経て、少しずつ今のキャリアを築いていったのです。もし仕事をしていなかったら、働けなくなった夫に「あなたに甲斐性がないから、私の人生は台無しになった」「この不幸をどうしてくれるの」と恨み言をぶつけていたかもしれません。

何より、仕事をしていてよかったと思うのは、「もっと成長したい」という気持ちを持ち続けられていることです。

私から見ればまだまだ若いのに「もう年だから」と挑戦することに後ろ向きになってし

まう人がいます。自分勝手に、焦って、選んで、あきらめてしまう。なんて、もったいないことでしょう。

泣いても笑っても、たった一度の人生です。自分のなかにある（はずの）可能性を少しでも花開かせたいなら、思い切って目の前の新しい扉を開けて、一歩を踏み出してみましょう。それが、必ずしもやりたいことではなかったとしても、やらないよりはあなたの人生をきっと豊かにしてくれます。そのことは、自信をもって約束できます。

今回はあまり触れられませんでしたが、仕事を通じて人脈や視野を広げるなかにはこれまでのあなたには想像もできなかったような、あなた自身の得意なこと、おもしろいと思えること、やりがいのあること、そんな素晴らしい出会いが待っているはずです。その先には、「起業しよう！」と思ってしまうあなたがいるかもしれないのです。

「人生１００年」と言われる時代に突入している今、定年も関係なく、自分で納得のいくまで生き生きと働ける人生、好きなようにお金を使える人生、そんな人生を想像すると、なんだかワクワクしてきませんか？

働き方改革は「生き方改革」

働き方改革により、長時間労働や単身赴任も厭わない企業戦士がモデルとされた働き方も、大きく変わろうとしています。

変化のスピードは遅いように見えて、副業解禁や新型コロナ対策でテレワークが進んだように、波が来れば流れは一気に変わります。そのとき、「あなたが必要です」と言われる人になるにはどうしたらいいかということを、この本ではお伝えしてきました。

働き方改革によって、どうすれば伸びることができ、またどうすればつぶれてしまうのか、あなたはすでに理解しているはずです。

働き方改革は「生き方改革」です。

何をするか、どうやって生きるかは、あなた自身が考えて決めることです。

うまくやっている人を見て落ち込む必要はないし、前に進めないときはちょっと休憩を入れてもいいと思います。思うように進めないときは素直に「助けて」と周囲の人の力を借りながら踏ん張っていけば、また前に向かって歩みを進めることもできるでしょう。

大切なのは、やる気と自分の人生に責任を持つ覚悟です。

当然のことですが、自分で考えて、選んだことの責任は自分で引き受けるしかありません。それは決してしんどいだけのことではなく、誰にも寄りかからず、自分の人生を生きていく強さを育てていきます。そして、そのことは、これからの厳しい自己責任の時代を生き抜くための、頼もしい支えとなるはずです。

「自分の人生に責任を持つ」というとき、私はモンゴルの人たちを思い出します。どこにいても、「あ、あの人はモンゴル人だな」とすぐにわかるのはなぜなのかと考えたとき、彼らがいつも堂々と胸を張り、自信に満ちた態度でいることに気づきました。日本人とは違う彼らの「常識」に振りまわされることもありますが、男性も女性も関係なく「自分でできることは自分でやる」というモンゴルの人たちの決断力、行動力には数え切れないほど助けられてきました。そんな彼らや彼女たちの人間としての格好よさは、どんな境遇に置かれても生きていける強さに通じるものだと思えてなりません。

働き方改革が進めていく新しい時代の先頭を走るのは、そんな真の強さを持つ女性たちだと私は信じています。

これからの新しい時代を、一緒に走り続けていきましょう。

令和2年5月吉日

東谷　由香

[著者紹介]

東谷 由香（ひがしたに・ゆか）

株式会社ウーノ・アクティブ代表取締役。企業研修講師。

1958年高知県土佐清水市生まれ。中学から東京の自由学園に進学。中央大学経済学部卒。中央大学大学院MBA。大学時代はモデル事務所に所属し、CM、映画・舞台に出演も。専業主婦として子育ての後、日本経営協会の専任講師を経て、2010年、人材育成研修と顧客満足度・社員意識などの調査を請け負う（株）ウーノ・アクティブを設立。上場企業を中心に女性向け管理職研修なども手掛けている。

働き方改革で 伸びる女性　つぶれる女性

2020年6月24日　1版1刷

著　者　東谷由香

発行者　白石　賢
発　行　日経BP
日本経済新聞出版本部
発　売　日経BPマーケティング
〒105-8308　東京都港区虎ノ門4-3-12
装幀・イラスト　夏来　怜
編集協力　吉田浩（株式会社天才工場）／秦まゆな／加藤裕子
ＤＴＰ　マーリンクレイン
印刷・製本　三松堂印刷
ISBN978-4-532-32345-5

本書籍に関するお問い合わせ，ご連絡は下記にて承ります。
https://nkbp.jp/booksQA

Printed in Japan